COTTBUSER
BUCHER
Band 11

Zur 2. Auflage

Dieses Buch erzählt in knappen Texten und reich bebildert die 850-jährige Geschichte einer liebenswerten Stadt. Cottbus präsentierte sich damit im Jubiläumsjahr 2006 als „das gesellschaftliche, wirtschaftliche und wissenschaftliche Zentrum des Lebens- und Wirtschaftsraumes zwischen Berlin, Dresden, Leipzig und Wrocław (Breslau)", wie es im Begleittext einer Ausstellung hieß, die diesem Buch voranging. In 21 Kapiteln gelingt den Autoren ein umfassendes Porträt der Stadt in Geschichte und Gegenwart.

Ein besonderer Reiz dieses Buches liegt im Nebeneinander von künstlerisch anspruchsvollen Gegenwartsaufnahmen eines anerkannten Cottbuser Fotografikers und der Vielfalt historischer Dokumente aus den Sammlungen des Stadtmuseums, von privaten Leihgebern und aus dem Archiv des Verlages der GRÜNEN Heimatzeitung.

Die erste Auflage dieses Titels aus der Reihe COTTBUSER BÜCHER hat erfreuliche Resonanz gefunden und war in wenigen Wochen vergriffen. Viele Leser beurteilten das Buch positiv-kritisch und teilten dem Herausgeber konstruktive Anmerkungen mit. Dafür gilt ihnen herzlicher Dank. Viele Anregungen sind in der nun vorliegenden 2. Auflage, die wieder dank freundlicher Unterstützung der Sparkasse Spree-Neiße preisgünstig in den Buchhandel kommt, berücksichtigt.

Der Herausgeber dankt der Stadtverwaltung Cottbus und dem Stadtmuseum für die freundliche Begleitung und wünscht auch dieser Auflage einen guten Weg zu alten und neuen Freunden der stolzen Stadt Cottbus.

J.H.

Arielle und Siegfried Kohlschmidt
Thomas Kläber

COTTBUS
1156 - 2006
850 JAHRE

Herausgegeben von Jürgen Heinrich
mit freundlicher Unterstützung des städtischen Kulturamtes
im Cottbuser General-Anzeiger Verlag

März 2006

Cottbus um 1840, mit der Rauchfahne der ersten Dampfmaschine über dem Schloss, mit altem Schloss und Schlossturm, Oberkirche, Rathaus und Spremberger Turm (v.r.n.l.)

Der Inhalt

Karin Rätzel: Zum Geleit	Seite	6
Siegfried Kohlschmidt: Anstelle eines Vorworts		9
Kap. I - 850 Jahre Stadt Cottbus		14
II - Chronik der Stadt		20
III - Vom alten Bild der Stadt		56
IV - Das neue Bild der Stadt		68
V - Stadtverwaltung und kommunale Einrichtungen		82
VI - Das Handwerk der Stadt		98
VII - Motor der Stadtentwicklung - die Industrie		110
VIII - Märkte und Handel in Cottbus		122
IX - Aus der Verkehrsgeschichte		135
X - Verwaltungszentrum Cottbus		146
XI - Gartenstadt Cottbus		164
XII - Schulwesen in Cottbus		180
XIII - Höhere Schulbildung in Cottbus		199
XIV - Museen und Musen der Stadt		212
XV - Cottbuser Persönlichkeiten		226
XVI - Bretter, die die Welt bedeuten		237
XVII - Park und Schloss Branitz		247
XVIII - Bier, Korn und Baumkuchen		258
XIX - Freizeit und Erholung in Cottbus		270
XX - Die Sportstadt		291
XXI - Sorbisches-wendisches Leben		308
Impressum		320

Geleitwort

Unsere Stadt Cottbus feiert Jubiläum. 850 Jahre sind beurkundet. Eine lange Zeit, die bis ins Hochmittelalter der Kreuzzüge, der Christianisierung auch unserer Gegend zurückreicht. Cottbus ist älter als alle Orte der näheren Umgebung, älter sogar als Dresden.
Dieses Buch fügt viele Fakten unserer langen Geschichte zusammen und lädt uns ein, nachzudenken und weiter zu forschen über unser Woher und auch über unser Wohin. Was die großen Themen der Chronik betrifft, so gleichen sich die Bilder im ostelbischen Raum: Machtkämpfe, Kriege, Seuchen, Verwüstungen und immer wieder neues Ringen wenigstens ums Überleben. Große Signale der Reformation, die dank Briesmann auch aus unserer Stadt weit hinausdrangen in den osteuropäischen Raum, später der Industrialisierung und schließlich auch des Mutes zu Neuanfängen in der Mitte und am Ende des 20. Jahrhunderts sind einige der vielen positiven Akzente aus der Cottbuser Geschichte.
In ganz besonderem Maße, so finde ich, erklärt unser eigener Weg, dass es immer möglich ist, in Toleranz und mit Verständnis für die Situation der jeweils anderen Kultur miteinander zu leben. Schon mehr als diese 850 Jahre lang teilen sich slawische, germanische und dann auch fränkische Menschen diesen Lebensraum. Über Jahrhunderte lebten die Sorben/Wenden und die Deutschen einvernehmlich miteinander, und sie tun es gut wahrnehmbar bis heute. Auch die Integration der Hugenotten, denen die Cottbuser den Bau der Schlosskirche und die unbegrenzte Entfaltung ihrer

Oberbürgermeisterin Karin Rätzel

wirtschaftlichen, kulturellen und religiösen Interessen ermöglichten, belegt im Grunde diese Weltoffenheit des damals kleinen Landbürgerstädtchens. Und auch als Cottbus über Jahrhunderte Grenzflecken zwischen Brandenburg-Preußen und Sachsen war, gab es kein Gezänk, sondern die Gründung des Ortsteiles Sachsendorf, zu der die Cottbuser die tatkräftigsten ihrer Nachbarn einluden.

Lassen Sie uns, liebe Cottbuserinnen und Cottbuser, liebe Gäste und Freunde dieser Stadt, die Gedanken der Offenheit pflegen mit unserem Jubiläum.

Den Autoren und Herausgebern danke ich für dieses Buch, das uns Cottbus ein Stück näher ans Herz bringt.

Bleiben Sie unserer Stadt gewogen.

Ihre

Siegfried Kohlschmidt

Anstelle eines Vorworts

Im Jahre 2006 blickt die Stadt Cottbus auf 850 Jahre Geschichte zurück. Die Spuren menschlicher Besiedlung im Stadtgebiet sind einige tausend Jahre alt.
1156 erstmals erwähnt, entstand die planmäßig angelegte Stadt Anfang des 13. Jahrhunderts. Über Jahrhunderte entwickelte sich Cottbus als eine Stadt unter mehreren gleichrangigen Städten der Niederlausitz.
Diese Entwicklung war keine gleichmäßige, denn Kriege, Feuersbrünste, Epidemien und allgemeine Notzeiten behinderten den stetigen Fortschritt.
Um 1850 hielt die Industrialisierung Einzug, Cottbus wurde zu einem bedeutenden Industriestandort. Das Verkehrswesen spielte dabei eine wichtige Rolle. 1866 erreichte die Eisenbahn Berlin-Görlitz die Stadt; mit weiteren Strecken bildete sich ein Eisenbahnknotenpunkt heraus.
Insbesondere in der Textilindustrie, aber auch im Maschinenbau, in der Holzverarbeitung und in der Nahrungs- und Genussmittelindustrie entstanden bald Großbetriebe. Verbunden damit war ein rasches Wachsen der Stadt. Für die innerhalb von 50 Jahren vervierfachte Einwohnerzahl wurden neue Wohnquartiere nötig. Die Stadt leistete sich moderne Stadttechnik: Gas- und Elektroenergie ebenso wie Wasserleitung und Abwasserentsorgung, breite Straßen und eine elektrisch betriebene Straßenbahn.
Um 1900 wurde Cottbus zum Verwaltungszentrum der Niederlausitz. Reichs- und Landesbehörden, Verbände und Organisationen nahmen hier ihren Sitz, Einrichtungen

des Bildungswesens, der Kultur und der Gesundheit erlangten Bedeutung für die ganze Region.

Die Kriege des 20. Jahrhunderts fügten der Stadt und ihren Bewohnern schwere Schäden zu, besonders am Ende des 2. Weltkrieges erlitt Cottbus beträchtliche Verwüstungen.

Die Teilung Deutschlands prägte fortan die Situation in der nun grenznahen Stadt. Nur sehr langsam konnten die Kriegsfolgen überwunden werden.

Cottbus erhielt 1952 den Status einer Hauptstadt des gleichnamigen Bezirkes. Mit einer zentralistischen Planwirtschaft verbunden war rasches Anwachsen der Bevölkerung durch hohe Geburtenraten und Zuzug.

1976 erreichte Cottbus mit dem 100 000. Einwohner Großstadtgröße. Einerseits entstanden mehrere große Wohngebiete, andererseits wurden der Stadt durch Abriss ganzer Straßenzüge bleibende Verluste zugefügt.

Mit der politischen und wirtschaftlichen Wende im Osten Deutschlands 1989/90 begann für Cottbus ein neuer Abschnitt seiner Geschichte. Jetzt wurde die größte Stadt der Niederlausitz zum Oberzentrum im Süden Brandenburgs. Die soziale Marktwirtschaft bewirkte tiefe Einschnitte im Leben der Bewohner. Durch Eingemeindungen vergrößerte sich die Fläche der Stadt erheblich, die Einwohnerzahl ging aber zurück.

In ihrem Jubiläumsjahr präsentiert sich Cottbus als eine Stadt im Umbau. Energiewirtschaft, Hochschulen, Verwaltung, gut entwickeltes Gesundheitswesen und vorwiegend dienstleistende oder Bauunternehmen des Mittelstandes prägen ihr Profil.

Die neue Hochschulbibliothek ist als „Haus ohne Rückseite" von einem Schweizer Architektenteam entworfen worden.
Bild auf Seite 8: Brunnen im nördlichen Neu-Schmellwitz mit Plastik von Peter Buth.
Folgende Doppelseite: der belebte Stadtring im Bereich Spremberger Vorstadt

KAPITEL I

850 Jahre Stadt Cottbus

Eine Tür an der Cottbuser Stadthalle zeigt verschiedene in Kupfer getriebene Krebse. Das Tier findet sich noch öfter im Stadtbild als Schmuck. Der Krebs war das Wappentier der Herren von Cottbus, die ihn als Zeichen ihrer Herrschaft in das Stadtwappen gaben.

850 Jahre Stadt Cottbus

Blick über die Stadt Richtung Westen. Links die gotische Hallenkirche Sankt Nikolai, rechts daneben das Lindner-Hotel, davor das Wendische Wohnviertel. Ganz rechts hinten die Uni-Bibliothek

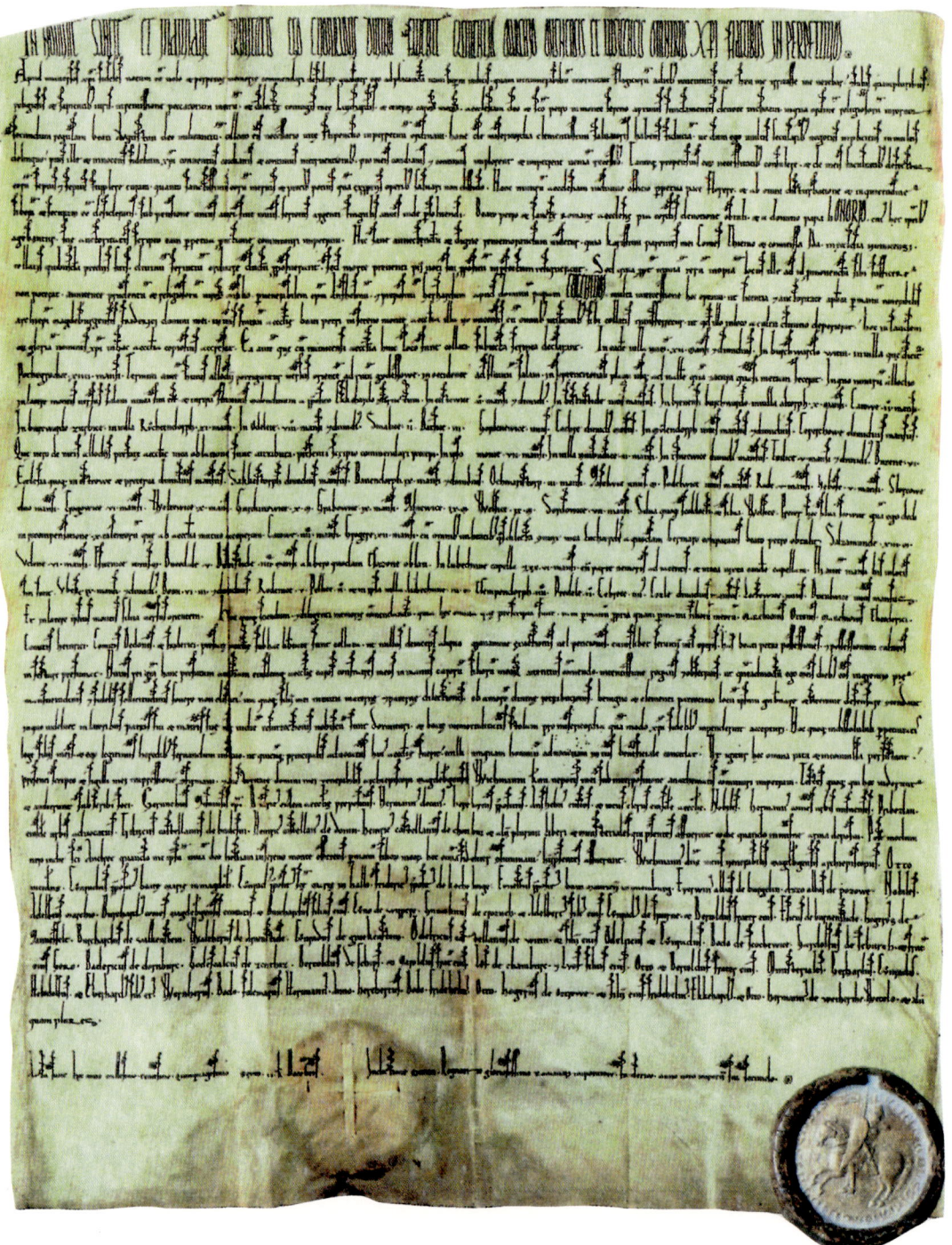

1156 - Markgraf Konrad von Meißen entsagte aller Macht und Güter und ging ins Kloster. Urkundlicher Zeuge war „Heinricus castellanus de Chotibuz"

Stadtteppich, 1949 für den Stadtverordneten-Sitzungssaal gefertigt, heute im Stadtmuseum. Unter dem mit einem Krebs bekrönten Stadttor wurde das Tuchmacher-Wappen platziert

In der Ersterwähnung (Urkunde links) hieß der Ort „Chotibuz", später gab es über 130 verschiedene Schreibweisen. Die Herkunft des Namens ist nicht gesichert, möglich ist die Ableitung vom altsorbischen Personennamen Chotibud oder auch von der Bezeichnung für eine Furt (Spreeübergang) am Kiefernwald.

Die Tuchmacherei war für die Stadtentwicklung über Jahrhunderte von größter Bedeutung, daher findet sich das Wappen der Tuchmacher nicht selten in der Nähe des Stadtwappens.

Gesamtansicht der Stadt Cottbus, Zeichnung von Daniel Petzold, um 1710

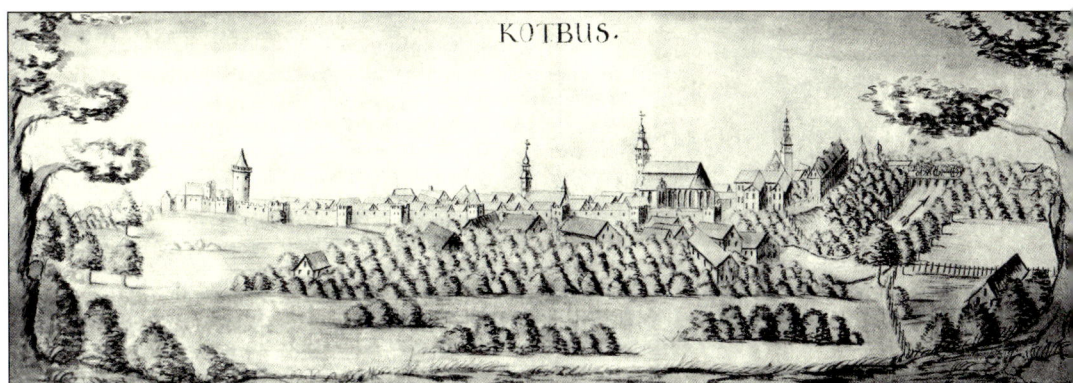

Der Cottbuser Krebs als Element der Veranstaltungswerbung

Cottbus liegt im Zentrum der Niederlausitz, etwa auf halber Strecke zwischen Berlin und Dresden. Rund 350 Jahre waren Stadt und Kreis Cottbus eine brandenburgisch-preußische Exklave, wie die Landkarte aus dem 18. Jh. deutlich zeigt. 1815 wurde Cottbus mit der bis dahin sächsischen Niederlausitz vereint und dem neuen Regierungsbezirk Frankfurt/Oder zugeordnet.

KAPITEL II

Chronik der Stadt Cottbus / Chosebuz

Teile der mittelalterlichen
Stadtbefestigung in der Mauerstraße,
in den 1930-er Jahren restauriert

ZEIT	EREIGNIS	COTTBUSER CHRONIK
	Mittelsteinzeit Jungsteinzeit Bronzezeit Eisenzeit	Seit etwa 10 000 Jahren siedeln Menschen in der Cottbuser Gegend. Seltene archäologische Funde datieren in die Mittelsteinzeit und in die Jungsteinzeit. In der Bronzezeit (1700 – 500 v. Chr.) ist eine rege Besiedlung im heutigen Stadtgebiet nachweisbar. Danach deuten fehlende Funde auf eine mehrere Jahrhunderte anhaltende Siedlungsleere hin. *Vogelschale von Groß Döbbern, unweit von Cottbus gelegen. Dieses bronzezeitliche Gefäß diente wahrscheinlich kultischen Zwecken*
Das Jahr 0	Christi Geburt	
200	Römische Kaiserzeit	Im 3. und 4. Jh. n. Chr. lassen sich im Cottbuser Altstadtbereich germanische Siedler nachweisen. Keramik- und Metallfunde und sogar Hausgrundrisse (Grubenhäuser) geben Hinweise auf das Leben im Dorf. Die Bewohner bauten Getreide an, züchteten Haustiere, gingen auf Fischfang und Jagd und betrieben verschiedene Handwerke. Römische Münzfunde deuten auf Handelsverbindungen.
400	Völkerwanderung 4./6. Jahrhundert	
500		
700		
	Germanische Armringe aus Gold, 1934 in Cottbus gefunden	

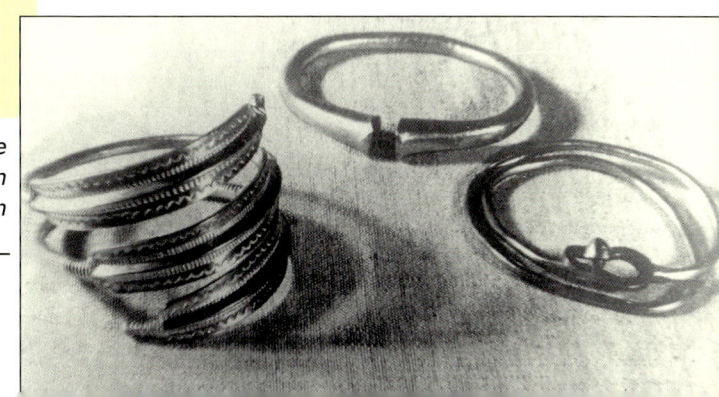

COTTBUSER CHRONIK

In der Niederlausitz wurde seit dem 7./8. Jh. ein slawischer Stamm heimisch, der in Urkunden erst „Lunsici", dann „Lusici" (Lausitzer) genannt wird. Er gehörte zu der westslawischen Volksgruppe der Sorben, auf die auch der deutsche Name „Wenden" überging. Die Lusici betrieben Feldbau und Viehzucht, Handwerk und Handel und hatten eine vielfältige, eigenständige Kultur. Im 9. Jh. wurden für die Lausitz 30 civitas (Burgbezirke) genannt.

Slawenburg in Raddusch, als Touristenattraktion an der Autobahn Berlin-Cottbus neu errichtet. Ähnlich war der slawische Burgwall auf dem heutigen Cottbuser Schlossberg konstruiert

An geografisch und strategisch wichtiger Stelle, dem ersten günstigen Spreeübergang südlich des Spreewaldes, entstand im 10. Jh. ein slawischer Wallbau. Die Burg, nach ihrer Größe eine der wichtigsten in der Lausitz, und ihre Vorburgsiedlung bildeten den Kern der späteren Stadt Cottbus.

Markgraf (seit 937) Gero eroberte im Auftrag Otto des Großen slawische Gebiete östlich der Elbe.

EREIGNIS	ZEIT
Am Ende der Völkerwanderungszeit kamen aus dem Südosten Europas slawische Stämme in das Gebiet zwischen Elbe, Saale und Oder.	800
	900
	1000
Der erste deutsche König Heinrich I. beginnt die Eroberung slawischer Gebiete, fortgesetzt von seinem Sohn Otto I.	1100

Vom mittelalterlichen Marktort zur Industriestadt

ZEIT	EREIGNIS	COTTBUSER CHRONIK
1200	Nach wechselnden Herrschaften erhielten 1136 die Wettiner als Markgrafen von Meißen die Lausitz als Lehen. Sie besetzten die Cottbuser Burg mit einem Lehensmann, einem Burggrafen.	1156 wurde in einer Urkunde ein „Heinricus castellanus de Chotibuz" genannt – die Ersterwähnung von Cottbus. Etwa in dieser Zeit entstand ein undatiertes Schriftstück, das die Besitzungen des Klosters Nienburg/Saale aufzählte, darunter auch den Marktort Cottbus mit Kirche und einer Feldflur von 22 Hakenhufen. 1199 wurde ein Thimo von Cottbus genannt. Ob er der Stammvater der Herren von Cottbus war, kann nicht sicher gesagt werden. Das aus Franken stammende Rittergeschlecht beherrschte bis Mitte des 15. Jh. Stadt und Umland, etwa den alten Kreis Cottbus. *Markgraf Konrad von Meißen entsagte aller Macht und Güter. Als Zeuge wird in dieser Urkunde ein Heinrich von Cottbus genannt*
1300	Mit der Ostkolonisierung kamen deutsche Siedler in die Lausitz. 1304 mussten die Wettiner die Lausitz verkaufen, es begann eine Periode häufig wechselnder Herrschaften.	Im Schutze der Burg entwickelte sich aus der slawischen Siedlung die Bürgerstadt Cottbus, die Anfang des 13. Jh. das Stadtrecht erhielt und in der Deutsche und Slawen gemeinsam lebten. In dieser Zeit erfolgte auch die planmäßige Stadtanlage. Rechtwinklige Straßenzüge prägten das Areal, das durch eine Befestigungsanlage geschützt wurde. Die Ausgänge wurden mit Stadttoren bewehrt, an weiteren Großbauten entstanden die Nikolaikirche, ein Franziskanerkloster und das Rathaus.

Die Cottbuser Burg (später Schloss) bestand aus drei Baukörpern: Dem alten Schloss an der Spree, dem Fürstenhaus (rechts) und dem Bergfried; links lagen die Stadtmühlen. Ansicht um 1810

Münzturm. Schon ab Anfang des 13. Jh. durften die Herren von Cottbus Münzen prägen. Spätestens 1485 ging dieses Vorrecht auf die Stadt über.

COTTBUSER CHRONIK

Formalrechtlich blieb Cottbus bis 1742 unter böhmischer Hoheit. Kriege im 15. Jh. betrafen auch Cottbus. 1429 wurden Hussiten abgewehrt, 1461 blieb ein böhmisches Heer ebenso erfolglos wie 1478 der Herzog von Sagan.

Cottbus wurde geprägt durch Kaufleute und Handwerker. Sie waren die städtische Oberschicht und bestimmten den Bürgermeister; 1371 wurden erstmals Ratmannen und Geschworene genannt. 1405 bestätigte Johann III. von Cottbus im sog. Gewandmacherprivileg den Tuchmachern ältere Rechte. 1406 erhielten auch die Leineweber ein Privileg. Seit 1385 wurde Bier gebraut, ein bedeutendes Handelsgut. Wichtigste Gewerke waren Tuchmacher, Fleischer, Bäcker und Schuhmacher, daneben auch Schmiede, Töpfer und Gerber. 1457 wurde erstmals der Jahrmarkt erwähnt.

EREIGNIS	ZEIT
1370 gliederte Kaiser Karl IV. die Lausitz dem Königreich Böhmen an.	1400

Häuser am Markt. „Scharren" im Erdgeschoss dienten als Verkaufsräume. Zeichnung um 1830

Vom mittelalterlichen Marktort zur Industriestadt

ZEIT	EREIGNIS	COTTBUSER CHRONIK
1500	1445/55 mussten die Herren von Cottbus Stadt und Herrschaft verkaufen. Neue Landesherren wurden die Kurfürsten von Brandenburg.	Unter brandenburgischer Herrschaft nahm Cottbus einen deutlichen Aufschwung. 1501 erhielt die Stadt wesentliche Rechte: Verbot der Ausfuhr von Wolle, Genehmigung von jährlich zwei Wollmärkten. „Bierzwang" verbot den Ausschank fremder Biere, für Handwerker kam der Innungszwang, außerhalb der Stadt durfte sich kein Handwerker niederlassen.
1550	1535 wurde Brandenburg geteilt. Cottbus kam mit der Neumark in den Besitz des tatkräftigen und populären Markgrafen Johann V. Nach dessen Tod 1571 fiel Cottbus wieder an Kurbrandenburg.	Das 16. Jh. brachte neuen Geist nach Cottbus: 1537 hielt die Reformation Einzug. Die Lateinschule, schon 1435 ersterwähnt, bildete Cottbuser für den Universitätsbesuch aus. Unter Markgraf Johann erhielt die Stadt 1540 eine Polizeiordnung, die für lange Zeit das öffentliche Leben bestimmte. Ebenso wurden das Brauwesen neu geregelt und die Wassermühlen erweitert bzw. neu gebaut, neben der Kornmühle gab es Schleif-, Schneide-, und Papiermühlen und für die Tuchmacher eine Walkmühle. 1564 wurde der erste Stadtarzt angestellt, der auch eine Apotheke betrieb.

Modell der Stadt im 18. Jahrhundert. Die Altstadt besteht noch in ihren Mauern des 16. Jh. mit dem Spremberger Thor (li. unten), dem Lukischen Thor (li. oben) und dem Sandischen Thor (r.). Vorn in der Mitte ist gerade die Neustadt errichtet, zu der ein neues Tor führt, links hinten die Brunschwig-Dörfer

Rechte Seite: Die Stadt unter dem Schutz des preußischen Adlers. Dieses Panorama bot sich dem Reisenden bereits seit dem 15./16. Jh.

COTTBUSER CHRONIK

Zur Musterung 1599 wurden innerhalb der Stadtmauer 490 Bürger mit Stadtrecht gezählt, nicht aufgeführt wurden Familienangehörige, Dienstleute, Gesellen, Tagelöhner usw. Die Schützengilde, erstmals 1471 genannt, bildete den Kern der Cottbuser Verteidigung, zu der alle Bürger verpflichtet waren.

1618 begann der 30jährige Krieg, zwei Jahre später erreichten die Kriegsschrecken mit ersten Einquartierungen und Durchzügen auch Cottbus. Der Rat ließ als Notgeld minderwertige Heller schlagen. 1626 lagerte Wallenstein mit 40.000 Mann in und um Cottbus. Die Verpflegung dieser riesigen Armee ruinierte Stadt und Umland. 1631 eroberten und plünderten kaiserliche Truppen die Stadt. Weiteres Leid folgte, die Söldner kamen aus Kroatien, Weimar, Sachsen, Brandenburg und Schweden. 1620 wurden 444 waffenfähige Männer gezählt, bis 1633 sank die Stadtbevölkerung auf 150 Bürger, städtisches Leben kam völlig zum Erliegen.

Die Stadtbefestigung verlor nach dem 30jährigen Krieg ihre militärische Bedeutung und diente fortan nur als Zollgrenze

Der Große Kurfürst ließ für den Wiederaufbau des Landes eine Visitation durchführen. Für Cottbus ergab sich ein erschreckendes Bild, viele Grundstücke lagen brach, vorgefunden wurde nur noch die Hälfte der Vorkriegsbevölkerung. 243 Bürger wurden namentlich aufgeführt, davon waren 24 Tuchmacher, je 21 Leineweber und Schuster, 14 Schneider und 11 Bäcker.

EREIGNIS	ZEIT
Der Augsburger Religionsfrieden von 1555 überdeckte nur mühsam verschiedene Machtinteressen, es drohte Krieg.	1600
Nach 1600 verschärften sich politische und konfessionelle Gegensätze. Es ging um die Vorherrschaft in Europa. Mehrere Kriege - zusammengefasst als 30jähriger Krieg bezeichnet - verwüsteten große Teile Deutschlands.	1620
Friedrich Wilhelm, der Große Kurfürst, Regierungszeit 1640 bis 1688, unternahm große Anstrengungen zur Überwindung der Folgen des 30jährigen Krieges.	1652

ZEIT	EREIGNIS	COTTBUSER CHRONIK
1671	1648 beendete der Friedensschluss das Völkermorden, doch erst 1652 zogen letzte schwedische Truppen aus Cottbus ab.	Ein verheerender Stadtbrand machte 1671 alle Aufbauerfolge zunichte. Schon 1468, 1486 und 1600 hatten Großfeuer fast die gesamte Stadt vernichtet, jetzt war neben 4 Toten der Verlust von 214 Wohnhäusern zu beklagen. An einem Haus in der Klosterstraße soll der Brand zum Stehen gekommen sein, woran drei hölzerne Mohrenköpfe fortan erinnerten. *Mohrenköpfe in der Klosterstraße zeichneten das Haus, an dem das Feuer 1671 zum Stehen kam.*
1700	Mit dem Edikt von Potsdam erließ der Große Kurfürst 1685 ein bedeutendes Dokument der Toleranz, mit dem Brandenburg für Religionsflüchtlinge geöffnet wurde.	Nach dem Edikt von Potsdam kamen Menschen protestantischen Glaubens aus der Pfalz und vor allem aus Frankreich - die Hugenotten - nach Cottbus. 1701 gründeten sie eine eigene Gemeinde mit eigenem Gotteshaus, das auch von der Reformierten Gemeinde, die bis dahin im Schloss untergebracht war, genutzt wurde. Die Glaubensflüchtlinge brachten hier bisher unbekannte Gewerke mit: Strumpfwirkerei, Tabakverarbeitung, Konditorei und verfeinerte Gerberei.

Die Schlosskirche, erbaut 1714 für die Cottbuser Hugenotten, erhielt ihren Namen von der Reformierten (Schlosskirch)-Gemeinde

Vom mittelalterlichen Marktort zur Industriestadt

Unten: Markt vor dem Luckauer Tor (heute Berliner Platz), Aquarell um 1810

ZEIT	EREIGNIS	COTTBUSER CHRONIK
1720 1740	Der preußische König Friedrich Wilhelm I. schaffte mit zahlreichen Gesetzen Grundlagen für einen modernen Staat mit straffer, zentraler Verwaltung. Erst in der 1. Hälfte des 18. Jh. wurden letzte Folgen des 30jährigen Krieges überwunden.	1721 gab es noch immer 27 wüste Grundstücke in der Stadt. Das Ratskollegium wurde neu geordnet, die behindernde jährliche Wahl wurde abgeschafft, ein Fabrikeninspektor führte die Aufsicht über Gewerbetreibende. Das Handwerk erhielt mit mehreren Edikten einen neuen Rahmen: An Stelle einzelner Privilegien trat ein Generalsprivileg, ausufernde Rechte wurden beschnitten und durch gewerbefördernde Vergünstigungen zuwandernde Meister angelockt. Als sichtbares Zeichen städtischen Aufschwungs wurde ab 1726 die Cottbuser Neustadt, die erste Bebauung außerhalb der alten Ringmauern, angelegt.

COTTBUSER CHRONIK

Nach hundert Jahren Frieden musste Cottbus wieder die Auswirkungen eines Krieges erdulden. Im Siebenjährigen Krieg (1756-1763) kam es immer wieder zu Truppendurchzügen, verbunden mit drückenden Einquartierungen, Requisitionen, Geiselnahmen und Plünderungen, die der Stadt schweren Schaden zufügten.

Im Zuge der Binnenkolonisierung (Urbarmachung von Sumpf- und Ödland, Anlage neuer Dörfer) entstand die zu Cottbus gehörige Siedlung Sachsendorf. 1785 wurde dort der erste Dorfschulze eingesetzt. Auch in der weiteren Umgebung entstanden neue Dörfer und Dorfausbauten.

EREIGNIS	JAHR
Unter Friedrich II., Regierungszeit 1740 bis 1786, wurde Preußen europäische Großmacht. Mehrere Kriege brachten dem Land neues Elend.	1740
Friedrich II. vollendete auch das schon von seinem Vorgänger begonnene Werk des inneren Ausbaus des Landes.	1775

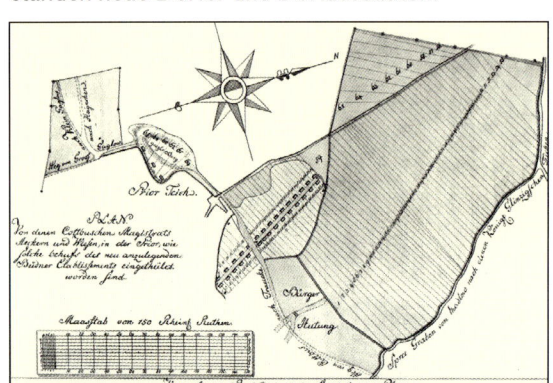

Plan der Kolonie Sachsendorf, die später zu einem Cottbuser Stadtteil wurde

Vom mittelalterlichen Marktort zur Industriestadt

Oben: Der preußische König Friedrich II. übernachtete 1759 in einem Gartenhaus (halbrechts) am späteren Königsplatz

Linke Seite: Die Cottbuser Neustadt. In einem Quartier von fünf Straßen wurden vor allem Gerber, Tuchmacher und Leineweber angesiedelt

EREIGNIS

Das 18. Jahrhundert - Barock und Absolutismus, Aufklärung und Klassizismus. Diese gesellschaftlichen Zustände wirkten sich auch auf Cottbus aus.

COTTBUSER CHRONIK

Cottbus nahm im 18. Jh. einen steten Aufschwung. 1730 lebten hier 2 263 Menschen, fünfzig Jahre später hatte sich ihre Zahl auf 4 396 verdoppelt. Die Tuchmacherei prosperierte, mehrere Großhandelsfirmen entstanden. So manche Neuerung erleichterte die Arbeiten und das Leben der Bewohner. Im Jahr 1698 war hier der erste Postmeister erwähnt worden.
1726 wurde die erste Buchdruckerei eröffnet. 1766 hören wir von Straßenbeleuchtung (131 Laternen) und Straßenpflasterung.
Am Ende des Jahrhunderts gastierten in Cottbus Theatertruppen, eine erste Zeitung erschien, die Bürger gründeten gesellige Vereine und auch Ausflugslokale entstanden schon.

Ende des 18. Jh. siedelten sich Unternehmer auch außerhalb der Stadtmauern in so genannten Etablissements an, hier das einer Tuchmanufaktur

Bild unten: Gefecht am Markt - der jugendliche Carl Blechen zeichnete diese Szene in seiner Vaterstadt im Jahre 1814

COTTBUSER CHRONIK	EREIGNIS	ZEIT
Nach der Niederlage Preußens 1806 wurden Kreis und Stadt Cottbus bis 1815 dem Königreich Sachsen zugeschlagen. Die Kontinentalsperre führte zu schweren Wirtschaftsschäden. Die Preise stiegen unerträglich, so dass es 1808 zu einer Revolte kam. 1813 erreichte der Krieg Cottbus. Verbündete und Napoleons Truppen zogen wechselweise durch die Stadt. 103 Bürger aus Stadt und Umland bildeten ein Freiwilliges Jäger-detachement, das die preußischen Truppen verstärkte. Viele Bürger spendeten für die Ausrüstung. 1814 kehrten die Freiwilligen Jäger zurück. Cottbus wurde wieder preußisch.	Anfang des 19. Jh. kam es erneut zu Kriegen, insbesondere in die antinapoleonischen Befreiungskriege 1813 bis 1815 wurde auch unsere Stadt verwickelt.	1815
Auch in Cottbus begann das Zeitalter der Industrialisierung. John Cockerill, ein englisch-belgischer Unternehmer, richtete im Cottbuser Schloss eine Wollgarn-Spinnerei ein. Für den Antrieb der Maschinen stellte er 1818 eine Dampfmaschine auf, eine der ersten in der	Nach ersten Anfängen Ende des 18. Jh. wurde die industrielle Entwicklung in Preußen verstärkt	1820

Denkmal für fünf westfälische Reiter, Verbündete Napoleons, die zu den Preußen fliehen wollten und 1813 bei Cottbus als Deserteure erschossen wurden

Vom mittelalterlichen Marktort zur Industriestadt

ZEIT	EREIGNIS	COTTBUSER CHRONIK
1830	Übergang von der Manufaktur- zur immer produktiveren Fabrikarbeit.	Leichtindustrie Deutschlands. Mit der Cockerillschen Spinnerei wurde der Garnmangel beseitigt, der seit langem die Entwicklung der Tuchproduktion in Cottbus hemmte. Die Entstehung weiterer Industriebetriebe brauchte aber noch Jahrzehnte.

In Brüssel, bis heute Sitz seiner Industriellen-Familie, steht er auf einem Denkmal-Sockel: John Cockerill, der die Dampfkraft nach Cottbus brachte

Unten: Der am Schloss angebaute, qualmende Schornstein verkündete weithin sichtbar den Beginn einer neuen Zeit. 1821 wurde das neue Landgericht (vorn) gebaut

COTTBUSER CHRONIK

Die preußischen Reformen wurden in Stadt und Kreis Cottbus nur verspätet eingeführt. Im Zuge des Verwaltungsaufbaus erhielt Cottbus 1824 ein Landgericht, daneben bestand ein Amtsgericht. Das Schulwesen wurde umorganisiert, aus der alten Lateinschule entstand 1820 ein ordentliches Gymnasium. Die 1829 gegründete Sparkasse wurde zu einem wichtigen Faktor für die wirtschaftliche Entwicklung. Die neue Städteordnung trat 1831 in Kraft, ein Stadtparlament wurde erstmals ein Jahr später gewählt.

EREIGNIS	ZEIT
Anfang des 19. Jh. wurden feudale Fesseln abgeschafft, durch Reformen entstanden der gesellschaftliche Boden und der juristische Rahmen für einen modernen Industriestaat in Preußen.	1830

Das Gymnasium, hier in einer Lithographie von 1849, entstand 1820 aus der alten Lateinschule

Im Sommer des Jahres 1845 begann Hermann Fürst von Pückler-Muskau (1785-1871) mit der Anlage des Branitzer Parkes. 1852 wurde der Park in einer ersten Ausbaustufe fertig. Die Arbeiten erstrecken sich aber noch bis weit über den Tod des Fürsten hinaus. Der Branitzer Park stellte einen Höhepunkt und den Abschluss in der Kunst des deutschen Landschaftsgartens dar. 1857 wurde Fürst Pückler erster Cottbuser Ehrenbürger.

Die 48er Märzrevolution in Berlin strahlte auch auf Cottbus aus, es kam zu Volksversammlungen, das demokratisch gesinnte Bürgertum gründete einen konstitutionellen Klub. Hier und in anderen Klubs und Vereinen wurden Forderungen diskutiert:

Fürst Pückler-Muskau, einer der großen Gartenkünstler des 19. Jh., bekannt auch als Schriftsteller, verlegte seinen Wohnsitz nach Branitz nahe Cottbus. Das Dorf wurde 1993 eingemeindet.	1845
Verschiedene revolutionäre Strömungen in Europa führten auch in Preußen zu der	1848

Schlossbrand 1857, auf den Grundmauern des Fürstenhauses erbaute der preußische Staat 1877 das neue Landgericht.

ZEIT	EREIGNIS	COTTBUSER CHRONIK
	bürgerlich-demokratischen Revolution von 1848/49, die letztlich scheiterte.	Presse-, Koalitions- und Versammlungsfreiheit, Schutz von Person und Eigentum, Selbstverwaltung der Gemeinden, Verbesserungen in der Justiz. Nach Demonstrationen und Tumulten rückte auswärtiges Militär ein und unterdrückte weitere demokratische Äußerungen bzw. Ausschreitungen.
1850	Mitte des 19. Jh. kamen im Zusammenhang mit beginnender Industrialisierung und religiöser Toleranz vermehrt wieder Katholiken in die Niederlausitz.	Nach der Reformation gab es nur wenige Bürger katholischen Glaubens in Cottbus. Für die wenigen stand über Jahrhunderte keine eigene Kirche zur Verfügung. Doch bis etwa 1840 war die Gemeinde auf ca. 800 Mitglieder angewachsen, so dass ein Kirchenbau nötig wurde. Nach längerer Vorbereitung wurde 1850 die katholische Christuskirche „Zum guten Hirten" geweiht, im 20. Jh. wurden weitere katholische Gotteshäuser erbaut.

Als erster Kirchenbau der expandierenden Stadt wurde die katholische Kirche errichtet

Schloss Branitz vor der Umgestaltung durch Fürst Pückler ab 1845

COTTBUSER CHRONIK

Die industrielle Revolution brauchte für den Durchbruch in Cottbus Jahrzehnte, dann aber setzte sie sich umso rasanter durch. Zwar wurde schon 1818 eine Dampfmaschine eingesetzt, aber erst 1835 entstand eine richtige Tuchfabrik, d.h. alle Arbeitsgänge zur Herstellung des Tuches waren unter einer Leitung, für den Antrieb wurde aber noch ein Pferdegöpel eingesetzt.

Erst in der Mitte des 19. Jh. veränderte die Industrialisierung Cottbus augenfällig, zahlreiche Fabriken entstanden, zum Ende des Jahrhunderts waren es dutzende Großbetriebe, die Dampfmaschine wurde allgemein zum Zentralantrieb für Arbeitsmaschinen eingesetzt.

Die Fabriken und der explosionsartige Anstieg der Bevölkerung veränderten das altgewohnte Stadtbild und natürlich das Leben in der Stadt.

EREIGNIS	ZEIT
Ende des 18. Jh. setzte auch in Preußen ein Prozess gesellschaftlicher, ökonomischer, sozialer, wissenschaftlicher, technischer und technologischer Entwicklungen ein, der als Industrialisierung bzw. als industrielle Revolution bezeichnet wird.	1860

Letzter Cottbuser Handwebstuhl

Vom mittelalterlichen Marktort zur Industriestadt

ZEIT	EREIGNIS	COTTBUSER CHRONIK
1870	Eine wesentliche Aufgabe der	Pferdefuhrwerke und Postkutsche waren für Jahrhunderte die Verbindung der Cottbuser „in die

Cottbuser Bahnhof um 1871. Zwischen 1866 und 1876 wurde Cottbus zu einem Eisenbahnknotenpunkt.

	Industrialisierung war die Lösung von Transport- und Kommunikations-Problemen.	weite Welt". Seit 1846 gab es eine Pferde-Eisenbahn zum Hafen in Goyatz am Schwielochsee, die aber nur beschränkt alle Transportaufgaben erfüllen konnte. 1866/67 erhielt Cottbus mit der Eisenbahnlinie Berlin-Görlitz dann das Mittel, mit dem Rohstoffe, Fabrikwaren, Handelsgüter aller Art, Postsendungen und Personen transportiert werden konnten.
		Die Kommunikation wurde durch die 1858 eingerichtete Telegraphenstation entscheidend verbessert. 1886 wurden die ersten Cottbuser Telefonleitungen verlegt.
1880	Stadtwachstum führt zu eigener Verwaltung.	In der 2. H. des 19. Jh. sah sich Cottbus durch die Zugehörigkeit zum alten Landkreis immer mehr in seiner Entwicklung gehemmt. 1886 schied Cottbus

COTTBUSER CHRONIK

aus dem Landkreis, mit dem es seit dem Mittelalter verbunden war, aus und bildete einen eigenen Stadtkreis. Dazu waren nach preußischem Recht 30 000 Einwohner erforderlich. Diese Zahl erreichte Cottbus, beschleunigt durch die Erweiterung der Garnison; die nötigen Kasernenbauten errichtete die Stadt auf eigene Kosten.

Die 52-er Kaserne mit der Maschinengewehr-Abteilung am Viehmarkt

Ende des 19. Jh. setzte sich Cottbus von den anderen Städten der Niederlausitz deutlich ab. Reichs- und Landesbehörden hatten ebenso wie Vereine, Organisationen und Verbände, wenig später auch Einrichtungen der Kultur, der Bildung und des Gesundheitswesens, Bedeutung für die ganze Niederlausitz. Mit der Cottbuser Industrie war die Stadt so angewachsen, dass eine moderne Stadtinfrastruktur dringend erforderlich wurde. Dieses große Werk wurde mit dem Amtsantritt des Oberbürgermeisters Paul Werner (Foto) 1892 begonnen: Wasserver- und Abwasserentsorgung, Elektrizitätswerk, Stadtbeleuchtung, Straßenbahn und Befestigung aller Straßen.

EREIGNIS	ZEIT
Ende des 19. Jh. war die Niederlausitz neben einem armen Argargebiet auch eine prosperierende Industrieregion. Bergbau und Textilindustrie, aber auch Nahrungs- und Genussmittelwirtschaft, Glasindustrie und Holzverarbeitung prägten die Landschaft.	1890

Das Druckgewerbe mit verschiedenen Verlagen und mehreren Zeitungen für die ganze Region war ein wichtiger Erwerbszweig der Stadt

Cottbuser Anzeiger
Reichhaltigste u. meistgelesene bürgerliche Zeitung der gesamten Niederlausitz
Größte Provinz-Zeitung Brandenburgs.

ZEIT	EREIGNIS	COTTBUSER CHRONIK
1900	Im 16. Jh. wurden Juden aus ganz Brandenburg vertrieben, erst der tolerante Große Kurfürst erlaubte nach 1671 wieder ihre Ansiedlung. Im 19. Jh., vor allem nach dem Gesetz von 1847, wurde die Emanzipation jüdischer Bürger möglich.	Erst seit 1740 siedelten sich in Cottbus wieder einige jüdische Familien an, nach den preußischen Reformen um 1810/15 und einem Gesetz von 1847 wurde der Weg für eine erleichterte Einbürgerung von Juden geöffnet. Die Ansiedlung wuchs auch in Cottbus so, dass 1858 eine Synagogengemeinde gegründet werden konnte. Die gemieteten Räume wurden 1875 geweiht. Sichtbares Zeichen für die gewachsene jüdische Gemeinde in Cottbus wurde die 1902 im Stadtzentrum errichtete Synagoge. Jüdische Bürger nahmen am gesellschaftlichen Leben der Stadt ebenso teil, wie ihr Wirken in Industrie und Handel, in Medizin, Verwaltung, Kultur und Rechtswesen dem Wohl der Stadt diente.

Zur Synagogengemeinde gehörten 1902 rund 100 selbständige Mitglieder mit etwa 500 Seelen. Die neue Synagoge zeichnete Alfred Löffler zehn Jahre nach der Zerstörung

Entlang der Hauptstraßen entstanden um 1900 zahlreiche repräsentative Wohn- und Geschäftshäuser, hier das Hotel Weißes Ross

Honoratioren im Ratskeller, der sich unter dem alten gotischen Flügel des Rathauses - heute Mitte Altmarkt - befand

Vom mittelalterlichen Marktort zur Industriestadt

Bahnhofstraße / Ecke Kaiser-Friedrich-Straße (heute Karl-Liebknecht-Straße). In gut ausgestatteten Wohnungen der Gründerzeithäuser gab es Raum für Offiziersfamilien der Garnison und Direktoren der Betriebe und Banken

ZEIT	EREIGNIS
1910	Anfang des. 20. Jh. war Cottbus die Metropole der Niederlausitz

COTTBUSER CHRONIK

In Kultur, Bildung und Gesundheitswesen entstanden wichtige Einrichtungen. 1908 erhielt das Stadttheater ein prachtvolles Haus, ebenso 1911 das Lyzeum. An staatlichen Schulgebäuden entstanden 1898 die Höhere Fachschule für Textilwesen und 1910 das Lehrerbildungsseminar. 1913 begann die Stadt mit dem Aufbau einer Kunstsammlung. Die Loge eröffnet 1908 ihr neues Gebäude.

COTTBUSER CHRONIK

Der Kriegsbeginn am 1. August wurde auch in Cottbus jubelnd aufgenommen. Ebenso bejubelt wurde der Ausmarsch des hier stationierten Infanterieregiments. Bald waren die Schrecken des Krieges aber unübersehbar. In vielen Familien waren Verwundete und Tote zu beklagen, das neue Krankenhaus wurde in ein Lazarett umfunktioniert, im Norden der Stadt wurde ein Kriegsgefangenenlager angelegt, ein weiteres folgte 1915. Lebensmittelkarten und Bezugsscheine wurden ausgegeben, 1917 mussten selbst die Kirchenglocken zum Einschmelzen abgegeben werden.

Russische und französische Kriegsgefangene im Cottbuser Lager, bewacht von älteren deutschen Landsturmmännern

Der nahe Zusammenbruch des Deutschen Reiches zeigte sich auch in Cottbus. Am 8. November 1918 zog ein Demonstrationszug durch die Straßen. Einige Tage später übernahmen ein Arbeiterrat und ein Soldatenrat die örtliche Macht, die Räteherrschaft ging bis Ende 1919. Im März 1919 wurde eine neue Stadtverordnetenversammlung gewählt, Sozialdemokraten und das bürgerliche Lager errangen je die Hälfte der Mandate, erstmals waren Frauen im Stadtparlament vertreten. Während des Kapp-Putsches kam es in und um Cottbus zu Kämpfen, die auch Tote forderten.

EREIGNIS	ZEIT
Imperialistische Rivalitäten, übersteigerter Nationalismus auf allen Seiten und eine allgemeine Krise führten 1914 zum Ausbruch des ersten Weltkrieges.	1914
Der 1. Weltkrieg endete für Deutschland mit einer Niederlage, das Deutsche Reich brach zusammen, in einer Übergangszeit mit Revolution und Räteherrschaft entstand mit der Weimarer Republik ein demokratischer Staat. Der Kapp-Putsch 1920 sollte demokratische Rechte rückgängig machen, jedoch er scheiterte.	1918

Cottbuser Notgeldschein. Die Inflation führte bis 1923 zu Not und zur Verelendung vieler Cottbuser

ZEIT	EREIGNIS	COTTBUSER CHRONIK
1930	Mitte der 1920er Jahre erlebte Deutschland eine Phase der relativen Stabilisierung, die aber die Verschärfung sozialer Gegensätze nicht verhindern konnte.	Neben dem persönlichen Leid brachten Krieg und Nachkrieg vor allem wirtschaftliche Probleme, eine große Wohnungsnot und den Ruin der städtischen Finanzen. Deshalb wurde der Wohnungsbau in den 1920-er Jahren zu einer wichtigen Aufgabe. Neue Siedlungen und Wohngebiete in der Stadt wurden erschlossen. Die Wirtschaft prosperierte bald wieder, doch erschütterten 1929 Streiks und Aussperrungen die Textilindustrie. Die Stadt konnte einige Großprojekte verwirklichen: 1925 Eröffnung der Bibliothek und des Freibades, 1928 Bau des Dieselkraftwerkes und 1930 der Bau Feuerwache.

Auf dem Gelände des Riedelstifts erbaute die Stadt Cottbus 1929 ein erstes Rentnerheim

1933	1933 übernahmen die Nationalsozialisten in Deutschland die Macht. Parteien wurden verboten, die Gewerkschaften zerschlagen und	Die Nationalsozialisten zogen auch in Cottbus am 30. 1. 1933 mit einem Fackelzug durch die Straßen. Schon fünf Jahre zuvor hatten sie in Cottbus Fuß gefasst und waren 1932 stärkste Partei in der Stadt geworden. Verelendung und hohe Arbeitslosigkeit - im Cottbuser Arbeitsamtsbezirk wurden 16 000

COTTBUSER CHRONIK

Arbeitslose und 10.000 Unterstützungsempfänger gezählt - veranlassten die große Mehrheit der Men-

Anfang der 1930-er Jahre: Strassenmusikanten vor dem Arbeitsamt in der Dresdener Straße

schen, ihre Hoffnungen mit den Nazis zu verbinden. Nur wenige Cottbuser wendeten sich aktiv gegen die Nazidiktatur, sie wurden in Konzentrationslager verschleppt.

Zunächst gab es auch äußere Erfolge: Schnell wurde die Arbeitslosigkeit überwunden, 1934 wurde mit dem Bau des neuen Rathauses begonnen, der Wohnungsbau setzte wieder ein. 1935 wurde die Jugendherberge am Klosterplatz eröffnet, die Stadtmauer restauriert und 1937 die Autobahn nach Berlin gebaut. Cottbus wurde 1935 wieder Garnisonsstadt, große Kasernenbauten entstanden, doch die Kriegsvorbereitungen wurden nur von wenigen wahrgenommen.

Mehrfach kam Naziprominenz nach Cottbus. Solche Tage waren von riesigen Aufmärschen und Paraden geprägt

EREIGNIS	ZEIT
Grundrechte außer Kraft gesetzt. Durch Beseitigung der verheerenden Arbeitslosigkeit, mit Demagogie und Terror wurden weite Teile der Bevölkerung gewonnen.	1933

Die in der Pogromnacht 1938 zerstörte Synagoge

ZEIT	EREIGNIS	COTTBUSER CHRONIK
1938	Der Antisemitismus war wesentlicher Teil der Ideologie der Nazis. Die Verfolgung jüdischer Bürger setzte gleich nach der Machtergreifung mit Boykotten ein, führte über Berufsverbote zu den Nürnberger Gesetzen 1935, eskalierte 1938 in der „Reichskristallnacht" und mündete in Massenmord in Vernichtungslagern.	In der Pogromnacht am 9. November 1938 brannten die Nationalsozialisten auch in Cottbus die Synagoge nieder, schändeten den alten jüdischen Friedhof und demolierten jüdische Geschäfte und Wohnhäuser. Diese so genannte Reichskristallnacht war der Auftakt für die Deportation und physische Vernichtung von Cottbuser Juden in Konzentrationslagern. Der erste Transport verließ noch 1938 die Stadt, der letzte 1942. Nach den Nürnberger Gesetzen wurden 1935 auch in Cottbus jüdische Bürger erfasst. Registriert wurden 236 deutsche und 98 ausländische Juden. 1945 gab es nur noch zwölf jüdische Bürger einschließlich der Kinder aus so genannten Mischehen. Die jüdische Gemeinde Cottbus war faktisch ausgelöscht.

COTTBUSER CHRONIK

Der 2. Weltkrieg hatte sich auch in Cottbus angekündigt. Jeder neue Schritt dahin, der Einmarsch in Österreich und die Besetzung des Sudetenlandes 1938 und Böhmen und Mährens 1939, wurde von den meisten Cottbusern im Schein tausender Fackeln begrüßt. Weiteren Jubel gab es nach dem Einmarsch in Polen 1939 und 1940, als eine aus Frankreich kommende Division durch Cottbus zog. Das ganze Leben in der Stadt wurde auf den Krieg umgestellt. Rüstungsbetriebe verlagerten ihre Produktion hierher, fehlende Arbeitskräfte wurden durch Zwangsarbeiter ersetzt.

In immer mehr Familien waren Tote und Verletzte zu beklagen.

Direkte Kriegsschrecken erlebten die Cottbuser bereits mit dem ersten Luftangriff 1940, ab Januar 1944 kam es auch zu Tagesangriffen. Am 15. Februar 1945 erfolgte ein schwerer Bombenangriff auf Cottbus: 459 amerikanische B 17 bombardierten den Bahnhof, schwer getroffen wurde die gesamte Südstadt. Die Zahl der Toten ist nicht genau dokumentiert, mehr als 1000 müssen es gewesen sein, etwa 13 000 wurden als obdachlos vermerkt. Wenig später, am 21. April 1945, wurde Cottbus von der Roten Armee eingenommen. Russische

EREIGNIS	ZEIT
Die Friedensregelungen des 1.Weltkriegs führten zu militanter Revisionspolitik, die machtpolitisch, rassenideologisch und wirtschaftlich zum erneuten Krieg um die Weltherrschaft drängte.	1939
Im 2. Weltkrieg wurde Deutschland mit seinen Verbündeten von der vereinten Kraft der Völkergemeinschaft, den Alliierten, vernichtend geschlagen.	1940

Woche der Volksgasmaske!

Vom 19. bis 24. September findet der Verkauf der Volksgasmaske zum Preise von RM. 5.— auch in den folgenden Geschäften statt:

Langer, Spremberger Straße
W. Waldschmidt, Spremberger Straße
Dreifert Nachf., Berliner Str., Ecke Spremb. Str.
Wilhelm Richter, An der Oberkirche

Der Verkauf der **verbilligten** Volksgasmasken erfolgt durch die zuständigen Blockwalter der NSV., die Ausgabe **dieser** Masken findet statt in der Ausgabestelle Briesmann-, Ecke Pücklerstraße.

Außerdem findet an allen Tagen der Woche vom 19. bis 24. Sept. die Ausgabe der Volksgasmaske statt in der Verkaufsstelle der NSV. (Briesmann-, Ecke Pücklerstraße) von 17 bis 19 Uhr 30, **ferner am Sonntag**, dem 25. September, von 9 bis 18 Uhr.

NS.-Volkswohlfahrt
Kreisamtsleitung Cottbus

Reichsluftschutzbund
Orts-Kreisgruppe II/16 Cottbus

ZEIT	EREIGNIS	COTTBUSER CHRONIK

Bomber und Artillerie bereiteten den letzten Sturm vor. Die Bilanz der Kämpfe war erschreckend: Das Alte und Neue Rathaus waren ausgebrannt, ebenso die Hauptpost, ganze Wohnquartiere lagen in Trümmern, Gas, Wasser und Strom fielen aus. Kurz nach Einnahme der Stadt wurde die Oberkirche in Brand gesetzt. Von den rund 55 000 Bewohnern vor Kriegsbeginn waren noch etwa 3 000 in der Stadt.

Zerstörte Fabrik. - Aus dem Polizeibericht März 1945: „ ... etwa 4 000 Sprengbomben, ... im Bahnhof Muni-Zug, Flüchtlingszug, Sanitätszug ... mehrere Militärzüge ... Frauenzuchthaus total ... Kriegslazarett getroffen ... 211 Wohnhäuser, 14 Industriebetriebe schwer getroffen ... etwa 1000 Gefallene"

1945 — Nach dem Sieg über Deutschland teilten die Siegermächte das Land in vier Besatzungszonen. Im Osten bestimmte künftig die russische Besatzungsmacht das öffentliche Leben. Zur Machtsicherung wurden Sozialdemokraten veranlasst, unter Führung der Kommunisten die SED zu gründen. Enteignungen in Landwirtschaft und Industrie, Reformen und Wahlen dienten dem Ausbau kommunistischer Strukturen.

Der Neuanfang war für die Cottbuser äußerst schwer. Die Menschen lebten zunächst in Angst und Schrecken, bedingt durch fortwirkende Nazipropaganda und Willkür der Besatzungsmacht.
60 Prozent der Wohnungen und 60 Prozent der Industriebetriebe waren zerstört oder schwer beschädigt. Die Versorgungslage war katastrophal, doch ab dem 20. Mai gab es wieder elektrischen Strom, wenig später auch Gas und Wasser.
Die Stadt bot vielen Flüchtlingen aus dem ehemaligen deutschen Osten eine neue Heimat. Im Sommer 1945 war die Einwohnerzahl auf 35 000 angewachsen.
Alle von den Kommunisten unter Sowjetführung eingeleiteten Maßnahmen traten auch in Cottbus in Kraft. So wurden die Voraussetzungen für die Errichtung der so genannten Diktatur des Proletariats geschaffen – die Gründung der DDR, die am 7. Oktober 1949 auch von 30 000 Cottbusern auf einer Großkundgebung begrüßt wurde.

Beseitigung der Kriegstrümmer an der heutigen Sonnenuhr, damals Altmarkt / Ecke Wendenstraße

COTTBUSER CHRONIK

Im August 1952 wurde Cottbus Bezirkshauptstadt des neu geschaffenen, gleichnamigen Bezirkes. Die Auswirkungen auf die Stadt waren zuerst einschneidend:

Für die Verwaltung wurde das Neue Rathaus in Beschlag genommen, Wohnungen wurden noch knapper, doch dann partizipierte die Stadt an ihrem neuen Status.

EREIGNIS	ZEIT
Im Osten Deutschlands bestanden 5 Länder mit eigenen Parlamenten. 1952 nannte die SED als Ziel den Aufbau des Sozialismus. Aus den Ländern wurden 14 Bezirke. Zum Zweck sozialistischer Produktionsverhältnisse wurden Maßnahmen eingeleitet, die das Leben der Menschen grundlegend änderten, so bis 1960 die Kollektivierung der Landwirtschaft und des Handwerks, später die Fabriken-Enteignung	1952

1960 |

Nachrichtenblatt
DER STADTVERWALTUNG COTTBUS

Nr. 19 — Cottbus, den 7. Mai 1948 — 2. Jahrgang

Preis 10 Pfg.

Die deutsche Nation vor einem geschichtlich bedeutsamen Wendepunkt
Von Oberbürgermeister Otto Weihrauch

Mit der Bezirksbildung installierte die SED auch eine regionale Tageszeitung mit Lokalteil. Vorher bestand das einmal wöchentlich erscheinende Stadtblatt mit amtlichen Nachrichten sowie privaten und ersten geschäftlichen Anzeigen

ZEIT — EREIGNIS

Die Lebensmittelkarten fielen ab 1956 weg, die Lebenslage stabilisierte sich, die Region wurde Energiezentrum.

COTTBUSER CHRONIK

Im gleichen Jahr begann ein großes Wohnungsbauprogramm, das im Grunde bis 1989 permanent fortgeführt wurde.

Der Volksaufstand vom 17. Juni 1953 äußerte sich auch in Cottbus mit Streiks und Demonstrationen. Russische Panzer und „Arbeiterwehren" schlugen ihn nieder.

Zehn Jahre nach Kriegsende ging der Aufbau endlich schneller voran, zwei wichtige Spreebrücken wurden 1954 und 1957 gebaut, die Hauptpost entstand 1955. Zur 800-Jahrfeier 1956 wurde ein großes Fest begangen, einige Ruinengrundstücke im Zentrum wurden neu bebaut. Tierpark und Pioniereisenbahn (beides 1954) und Bezirksmuseum (1961) trugen zum Kulturangebot ebenso bei wie der 1955 gegründete Radiosender Cottbus oder verschiedene Kulturhäuser.

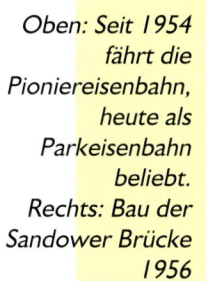

Oben: Seit 1954 fährt die Pioniereisenbahn, heute als Parkeisenbahn beliebt. Rechts: Bau der Sandower Brücke 1956

COTTBUSER CHRONIK

Cottbus wurde zum Zentrum der Kohle- und Energiewirtschaft. Es entstanden an der Peripherie der Stadt mehrere große Neubau-Wohngebiete, die mit Schulen, Kindergärten und mit Einrichtungen für Gesundheitswesen, Handel und Freizeit ausgestattet wurden.
1965 wurde der Plan für ein neues Stadtzentrum erarbeitet, der bis Mitte der 70er Jahre umgesetzt wurde. Wohnhochhäuser, ein Warenhaus, dazu Gaststätten und Spezialläden, ein Hotel und die Stadthalle entstanden. 1969 begann auch der Bau des Bildungszentrums mit Lehrgebäuden, Internaten, Mensa und Bibliothek. Im Norden der Stadt entstand ein Großbetrieb – das Textilkombinat. 1976 erhielt Cottbus mit der Geburt des 100 000. Bürgers den Großstadtstatus. 1978 wurde das Empfangsgebäude des Bahnhofes eingeweiht.

EREIGNIS	ZEIT
Trotz vieler Einflüsse und Verpflichtungen, von Bindungen im RGW und im Warschauer Pakt mit Mauerbau und Prager Frühling, konnte sich die DDR stabilisieren. Die meisten Menschen hatten für sich einen Platz in der Gesellschaft gefunden, Fortschritte in Arbeitserfolgen und Lebensstandard waren unübersehbar.	1970 1976

Vom mittelalterlichen Marktort zur Industriestadt

ZEIT	EREIGNIS
1980	In den 80er Jahren konnte die DDR-Politik mit steigender internationaler Anerkennung durchaus Erfolge verzeichnen, doch die Wirtschaft hielt mit internationalen Entwicklungen nicht Schritt. Von der Bevölkerung lange unbemerkt, wuchsen ökonomische und soziale Probleme. Ideologisch verbrämte Ansprüche wurden von den meisten Menschen
1984	

COTTBUSER CHRONIK

In Cottbus wurde das zur entscheidenden sozialen Frage apostrophierte Wohnungsbauprogramm fortgesetzt, ab 1984 auch im Stadtzentrum.
In den Betrieben wurde alles aufgeboten, um den Export für Devisen zu steigern und die Binnennachfrage durch zwar betriebsfremde, aber dringend benötigte Konsumgüter zu bedienen.

Mitte der 1980-er Jahre erreichte der Platten-Wohnungsbau auch den Altmarkt

Die Bahnhofsbrücke wurde 1984/89 erneuert, der schon in den 70er Jahren begonnene Stadtring erweitert. Ein enges Netz an Gesundheits-, Sozial- und Bildungseinrichtungen und viele Angebote in Unterhaltung, Kultur und Sport sollten für Harmonie zwischen Partei- und Staatsführung und der Bevölkerung sorgen. 1982 wurde der Krankenhausneubau fertig gestellt, Cottbuser Sportler errangen bei Weltmeisterschaften und Olympischen Spielen viele Medaillen.
Die 1977 gegründeten Staatlichen Kunstsammlungen erlangten einen geachteten Platz in der Kunstszene, das Schloss Branitz wurde restauriert. 1987 wurde das Radrennstadion rekonstruiert.

Modell des neuen Stadtzentrums mit Wohn- und Geschäftsbauten, im Hintergrund das Hotel „Lausitz" und die Stadthalle

COTTBUSER CHRONIK

Doch viele Bürger sahen im System der DDR für sich keine Zukunft mehr. Immer mehr Menschen auch aus Cottbus versuchten, das Land zu verlassen.

1974 wurde ein Planetarium erbaut. In der Kuppel mit 12,5 Metern Durchmesser kann der Besucher einen Flug durch die Sternenwelt erleben

Die Kommunalwahl im Mai 1989 wurde auch in Cottbus gefälscht. Eine Umweltgruppe stellte Strafanzeige. Während im Sommer die Presse Wirtschaftserfolge meldete und eine pompöse Feier zum 40. Jahrestag der DDR vorbereitet wurde, flüchteten aus Cottbus zahlreiche Einwohner.
Seit September war die Reformbewegung „Neues Forum" auch in Cottbus aktiv, ebenso die im Oktober - zunächst als SDP - wiedergegründete SPD.
Auch in Cottbus fanden machtvolle Montagsdemonstrationen statt. Im November stellten in den Kirchen Bürgerbewegungen ihre Ziele der Bevölkerung vor. Der erste Runde Tisch, ein demokratisches Organ der Selbst- und Mitbestimmung, tagte in Cottbus erstmals am 11. Dezember. Am 13. Dezember trat der SED-Oberbürgermeister zurück.
Anfang 1990 wurden aber auch neue Probleme sichtbar – das Arbeitsamt registrierte 2 800 Arbeitsuchende. Zu den Wahlen des Jahres 1990 weilten höchste Vertreter aller Parteien in Cottbus.

EREIGNIS

längst negiert bzw. nur halbherzig befolgt.

Wahlfälschungen markierten den Anfang vom Ende der DDR. Das System von Entmündigung und Ignoranz läßt die Ausreisewelle zur Massenflucht über Ungarn, Warschau und Prag anschwellen. Im Oktober fordern Massendemonstrationen Demokratie und Freiheit. Nach dem staatlichen Zusammenbruch entstehen neue Parteien, freie Wahlen folgen im März 1990. Die DDR tritt per 3.10.1990 der BRD bei

ZEIT

1989

Montagsdemonstration im Spätherbst 1989 in Cottbus

ZEIT	EREIGNIS	COTTBUSER CHRONIK
		Nach der Kommunalwahl im Mai 1990 konnte die Stadt ihr Rathaus wieder beziehen. Die Bezirksverwaltung wurde immer mehr zurückgestuft, an ihre Stelle traten Landesbehörden. Am 3. Oktober 1990 wurde der Vollzug der Einheit Deutschlands mit einem Festakt im Theater der Stadt begangen.
1990 1991	Im Herbst 1990 wurde wieder das Land Brandenburg gegründet. Wichtigste Aufgaben waren die Angleichung von Verwaltungen und Einrichtungen an das Rechtssystem der BRD,	In Cottbus vollzog sich ein Wandel, rasant wie noch nie in seiner Geschichte. Das gesamte Leben und Arbeiten der Menschen veränderte sich. 1991 wurden erste Betriebe privatisiert, andere mussten jetzt oder etwas später schließen, insbesondere die traditionsreiche Textilindustrie war nicht zu halten. Zahlreiche Menschen wurden arbeitslos. Das Bildungswesen wurde nach bundesdeutschem

Neue Wohn- und Geschäftshäuser am zentralen Brandenburger Platz

COTTBUSER CHRONIK

Muster umgestellt. 1991 wurde Cottbus Oberzentrum der Region Südbrandenburg, damit verbunden waren die Ansiedlung verschiedener Landesbehörden. Im gleichen Jahr gründete sich die Brandenburgische Technische Universität Cottbus.
1993 wurden mehrere Dörfer eingemeindet. Zahlreichen Neubauten entstanden in der Innenstadt (Hotels, Geschäfts- und Wohnhäuser) und Cottbus wurde Modellstadt; das brachte beträchtliche Fördermittel zur Erhaltung der Altstadt in die Region. Höhepunkt städtischer Entwicklung und Ausstrahlung war die Bundesgartenschau 1995 in Cottbus.

Viele Menschen, insbesondere jüngere, suchten in anderen Teilen Deutschlands einen Neuanfang. So verringerte sich die Einwohnerzahl von fast 130 000 im Jahre 1989 trotz mehrerer Eingemeindungen auf wenig über 100.000 im Jahre 2004. Mehrere Großprojekte des Landes scheiterten, doch gaben neue Einrichtungen Hoffnung, wie die Internationale Bauausstellung Fürst-Pückler-Land und die Euroregion Spree-Neiße-Bober, in beiden wirkt auch die Stadt Cottbus mit.

EREIGNIS	ZEIT
Ausbau demokratischer Strukturen, die Schaffung von Rahmenbedingungen für die wirtschaftliche Entwicklung, für den Umbau der Industrie und der Landwirtschaft.	1993
	1995
Der Aufbau Ost erwies sich als schwierig. Bund und Land förderten viele Maßnahmen, um die wirtschaftliche Entwicklung zu stabilisieren. Große Anstrengungen in allen bleiben auch in Zukunft nötig.	2000

Vom mittelalterlichen Marktort zur Industriestadt

COTTBUSER CHRONIK

Durch die Technische Universität und die Fachhochschule wird Cottbus immer mehr zum Wissenschaftsstandort.

Der Stadtumbau erfordert den Abriß ganzer Wohnquartiere, vor allem in Sachsendorf und Neu-Schmellwitz, aber auch in zentrumsnahen Bereichen. Zugleich werden die Stadtteilzentren und Wohngebiete aus den 1960er und 1970er Jahren aufgewertet.

In ihrem Jubiläumsjahr präsentiert sich die 850-jährige Stadt als eine moderne Kommune mit lebens- und liebenswertem Ambiente, mit interessanter Infrastruktur und allen Vorzügen eines vielversprechenden Wirtschaftsortes.

Der Braunkohlenbergbau, seit über 150 Jahren die Lausitz prägend, reicht bis an den Stadtrand. Aus dem Tagebau entsteht in einigen Jahren der Cottbuser Ostsee

KAPITEL III

Vom alten Bild der Stadt

Die Gerberhäuser in der Uferstraße

Choitsche Budky - schöne Häuser...

Im 18. Jahrhundert versuchte ein Heimatforscher, die Herkunft des Stadtnamens zu erklären: Cottbus wäre abgeleitet von Choitsche Budky, was in wendischer Umgangssprache so viel wie „schöne Häuser" bedeutet, also wäre der deutsche Name Schönhausen.
Nun, gewiss gibt es in Cottbus schöne Häuser, ob aber schon zur Zeit der Ortsnamensbildung, ist höchst ungewiss.
Aus der Frühzeit der Stadt wissen wir nur wenig von ihrem Bild, einzig archäologische Grabungen lassen gewisse Schlussfolgerungen zu. Erhalten geblieben sind nur spätmittelalterliche Großbauten, wie die gotische Oberkirche oder die Klosterkirche.
Auch von der mittelalterlichen Burg, dem späteren Renaissance-Schloss, und von der Stadtbefestigung mit Toren und Türmen können wir uns ein Bild machen.
Wegen der großen Stadtbrände sind Bürgerbauten erst aus dem späten 17. Jahrhundert bekannt, wenn auch in manchen ein älterer Kern steckt. Das Rathaus mit Gebäudeteilen aus Gotik, Renaissance und Barock wurde ein Opfer des 2. Weltkrieges.
Über Grundstücksgrößen, Stadtanlage, Bürgerhäuser und öffentliche Bauten seit dem 18. Jahrhundert haben wir ein genaueres Bild.

Der Marktplatz in Cottbus.

Das Alte Rathaus, aquarellierte Zeichnung von Heinrich Vester, um 1850

Folgende Doppelseite:

Plan der Stadt Cottbus von 1800. Der älteste Stadtplan datiert aus dem Jahre 1720; in diesen Abmessungen bestand die Stadt seit dem Mittelalter über viele Jahrhunderte. Über 400 Grundstücke sind in Lage und Schnitt deutlich abzulesen. Die Häuser sind durchgehend nummeriert

Auf dem Markt - heute Altmarkt - trafen zwei alte Handelsstraßen aufeinander, hier erbauten die Bürger auch ihr Altes Rathaus. Der stolze Bau wurde in mehreren Etappen errichtet. Der westliche Langbau stammte noch aus dem Mittelalter, das zum Markt gerichtete Querhaus entstand 1748/49. Verbunden waren beide Teile mit einem schlanken Renaissanceturm von 1684/90.

Das Rathaus diente nicht nur der Verwaltung. Hier befanden sich auch der Ratskeller, Verkaufsräume für Bäcker, Fleischer und Tuchmacher und der städtische Getreideboden.

Am Ende des 2. Weltkrieges schwer beschädigt, wurde das Alte Rathaus danach abgerissen.

Nebenstehende Seiten enthalten die Nahmen derer p[...]
wie auch die Braurecht[...]

Erhalten die Häus[er]
A1, B2, C3, D4,
E5, F6, G7, H8,
I9, K10, L11
Braurechte
M, das Rathhaus
N, die Oberkirche
O, die wend: Kirche
P, das Schloß
Q, der Stadthof
R, die reform: Kirche
S, die Schule
T, die Münze
U, das Lazareth
V, die Marktmeisterei
W, das Waisenhaus
W, das Werg Haus
X, das Stockhaus
Y, das Tuch Färbehaus
Z, Färbehäuser
a, das Luckauer
Thor und Straße
b, das Spremberger
Thor und Straße
c, das Sandowsche
Thor und Straße
d, das Mühlen
Thor und Straße
e, das Neue Thor und
Neustadt Straße
f, die Fleischer Gaßen
g, die Tuchmacher
Straße

Neuer Grundriß der Stadt Cottbus 1800

Spree-Fluß
Holtz Hoff
P das Schloß
Der Schloß Garten
N die Oberkirche
Sandowsche
Der Stadt Hoff
Stadt Graben

... Stellen, Thore, Strassen öffentlichen Plätze und Kirchen
... deren jedes Haus besitzet

h. die Hinter Strasse
i. die Closter Strasse
k. Kirchgasse
l. Sch. Mühle
m. der Markt
n. die Inspector Wohnung
nn. die Diaconat Wohnung
oo. die Pfarr=
   Wohnungen
p. der Schloss Platz
q. das Klingergässgen
r. das Marktgässgen
s. die Schulgasse
t. das Abendgässgen
u. die Lazareth Gasse
v. das Closter gässgen
w. das Töpfergässgen
x. das Bärgässgen
y. das Postgässgen
z. das Hintergässgen
. Brunnen
. Brauhaus

850 Jahre Cottbus

Das Landgericht, 1877 anstelle des Schlosses errichtet. Der alte Bergfried erhielt dabei eine romantisierende Haube

An der Stelle des slawischen Burgwalles wurde im 12. Jh. eine deutsche Burgwarte errichtet, 1301 bestand die Burg aus zwei Teilen, in einer Urkunde „das Haus und das Neue Haus zu Cottbus" genannt. In dem Wehr- und Verwaltungsbau hatten bis 1445/55 die Herren von Cottbus ihren Wohnsitz.
Danach nahm der Landeshauptmann, der Vertreter des brandenburgischen Kurfürsten, hier Quartier. Im 16. Jh. wurde das Neue Haus zum so genannten Fürstenhaus umgebaut. 1857 brannte es aus, dafür wurde 1877 das Landgerichtsgebäude erbaut. Dabei erhielt der Turm, der alte Bergfried, seine romantisierende Haube. Das Alte Schloss („das Haus") stand noch bis 1905, dann wurde es für den Neubau des Amtsgerichts und des Gerichtsgefängnisses abgetragen.

Vom alten Bild der Stadt

*Das Schloss, Hilscher-Aquarell um 1810,
kopiert 1951 von Lore Koall*

Die Oberkirche, Aquarell von Heinrich Vester, um 1850

Schon im 12. Jh. wurde eine Kirche in Cottbus genannt. In mehreren Abschnitten errichtet, stammt der heutige dreischiffige Hallenbau aus dem 15./16. Jh., archäologisch lassen sich Vorgängerbauten nachweisen. Die spätgotische Oberkirche, dem Heiligen Nikolai geweiht und manchmal zur Unterscheidung zur Wendischen Klosterkirche auch Deutsche Kirche genannt, bekam nach dem Stadtbrand von 1671 einen zweigeschossigen Turmaufsatz mit Haube, Laterne und Zwiebeldach.

Am Ende des 2. Weltkrieges brannte die Oberkirche völlig aus. Die lange Restaurierung endete erst 1988 mit dem Aufsetzen der Turmhaube.

Von der Ausstattung blieben der Hochaltar, gefertigt von dem Bildhauer Andreas Schulze 1661, und zwei Glocken, gegossen von dem Meister Francois Voillard 1671, erhalten.

Die Kanzel und der Orgelprospekt wurden aus Frankfurt/Oder bzw. Hainichen in Sachsen umgesetzt.

Oberkirche von Nord, vor 1900

Der Altmarkt, Nordseite, um 1880

Die Hauptstraßen (Spremberger, Berliner, Sandower Straße und der Altmarkt), bewohnt von der städtischen Oberschicht, von Kaufleuten, Manufakturisten, Großhändlern und reichen Handwerkern, waren nach 1700 mit stattlichen Häusern flankiert, häufig Giebelhäuser im sächsischen Barock, nach 1800 auch klassizistische Traufhäuser. Ihre Größe war dem baulichen Umfeld angepaßt; die Weite des heutigen Altmarktes gab es noch nicht, denn auf dem Platz standen mittig zur Westseite noch sieben Häuser, und diesem Quartier schloß sich Richtung Ost das Rathaus mit Längs- und Querbau an.
In den Nebenstraßen (z.B. Kloster-, Mühlen-, und Burgstraße), wo kleinere Handwerker wohnten, dominierten schlichte, ein- und zweigeschossige Häuser.

Spremberger Turm mit Bastei, um 1880

Blick von Süden auf Cottbus, um 1840. Rechts der Schloßturm vor dem Brand, ganz links der Spremberger Turm

Die Stadt Cottbus war zum Schutz vor Feinden mit Graben, Wällen und Mauern umgeben.
Das Spremberger, das Luckauer und das Sandower Tor gewährten Einlass, daneben gab es noch das kleinere Mühlentor und seit 1735 im Süden das Neustädter Tor.
Nach dem 30jährigen Krieg verloren die Befestigungsanlagen ihre Schutzfunktion, als Zollgrenze blieben sie aber noch bis ins 19. Jh. wichtig. Neben beachtlichen Teilen der Stadtmauer mit Wieckhäusern und Türmen besteht noch heute der Spremberger Torturm, ein Wahrzeichen von Cottbus. Der Turm, ursprünglich mit Haubendach, erhielt seine klassizistische Krone nach einem Umbau von 1823/25. Die Bastei, die den Weg in die Spremberger Straße versperrte, wurde, nachdem die Torfunktion 1875 aufgegeben wurde, auch wegen Baufälligkeit abgerissen.

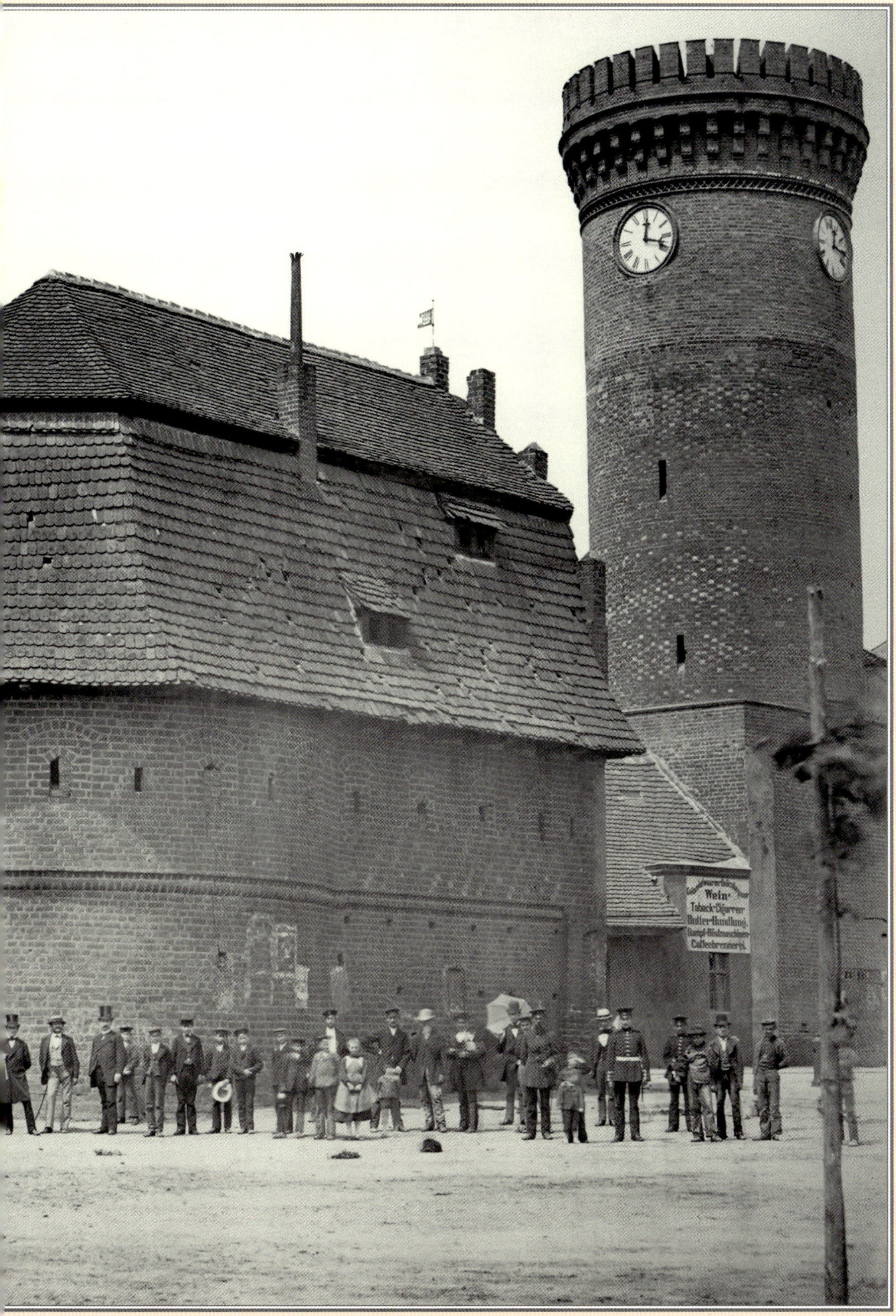
Wein

An der Nordwestflanke des neuen Stadtzentrums wurde ab 1993 ein großer Baukkörper mit Hotels und Geschäftspassage errichtet. Die Stadtverwaltung richtete hier ihr Technisches Rathaus ein. Die Stadthalle (rechts) wurde in den 1970-er Jahren erbaut und in den 90-er Jahren rekonstruiert.

KAPITEL IV

Das neue Bild der Stadt

Das neue Bild der Stadt

Eingemeindungen der Dörfer seit 1871 erweiterten die Stadt. Die Industrialisierung seit der 2. Hälfte des 19. Jh. veränderte das Stadtbild radikal, es entstanden zahlreiche Fabriken, zu denen zumeist die Villen ihrer Besitzer gehörten, Verkehrsbauten, große Geschäfts- und Wohnhäuser im Zentrum der Stadt, rings um die Altstadt herum ganze Wohnquartiere, zu Anfang des 20. Jh. auch Gartensiedlungen und nach 1920 auch Kleinsiedlungen. Am Ende des 2. Weltkrieges war Cottbus zu 60 Prozent zerstört. Der Wiederaufbau zog sich Jahrzehnte hin, wieder sollte das Gesamtbild starke Veränderungen erfahren. Der Wohnungsneubau, zunächst Einzelbauten an verschiedenen Standorten, seit Ende der 1950-er Jahre in sogenannten Wohnkomplexen, schuf ein neues Cottbusbild. In der Südstadt und in Sandow, in Sachsendorf/Madlow, Ströbitz und Schmellwitz wurden mehrere zehntausend Menschen heimisch, 1976 hieß Cottbus mit 100.000 Einwohnern Großstadt. Wohnquartiere in der Altstadt wurden aber vernachlässigt und schließlich abgerissen. Danach begann ab 1984 auch hier industrieller Wohnungsbau. Seit 1965 entstand westlich der Altstadt ein neues Stadtzentrum; auch hierfür musste alte Bebauung weichen.
Die politische Wende im Osten Deutschlands brachte auch eine Wende im Cottbuser Stadtbild. Zahlreiche neue Geschäfts- und Verwaltungsbauten, aber auch Wohnhäuser, wurden in kurzer Zeit errichtet. Seit 1991 unterstützt ein Modellstadt-Programm vor allem den Erhalt historischer Gebäude in der erweiterten Altstadt.

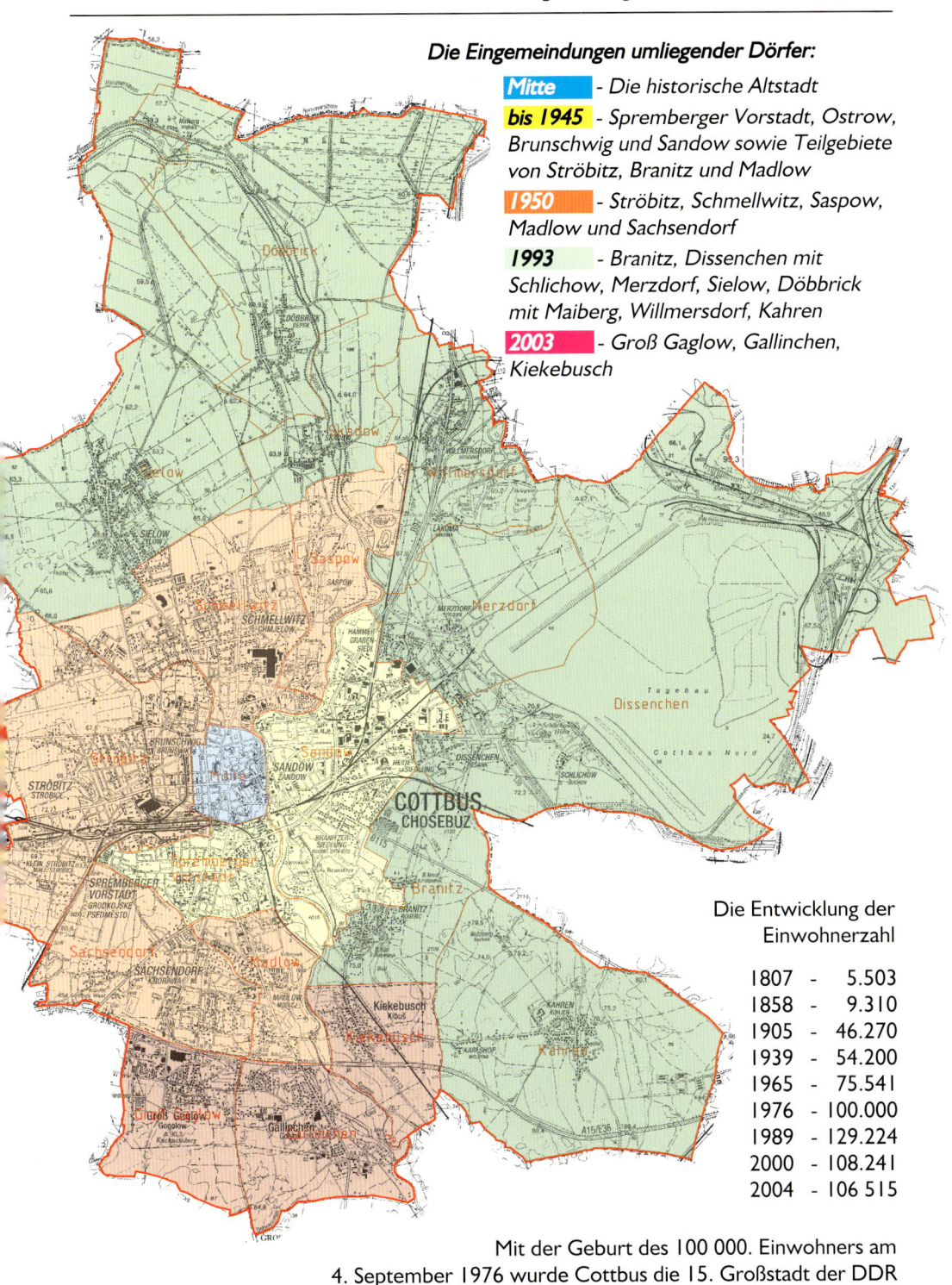

Eingemeindungen, Fabriken und neue Wohngebiete

Die Eingemeindungen umliegender Dörfer:

Mitte - Die historische Altstadt

bis 1945 - Spremberger Vorstadt, Ostrow, Brunschwig und Sandow sowie Teilgebiete von Ströbitz, Branitz und Madlow

1950 - Ströbitz, Schmellwitz, Saspow, Madlow und Sachsendorf

1993 - Branitz, Dissenchen mit Schlichow, Merzdorf, Sielow, Döbbrick mit Maiberg, Willmersdorf, Kahren

2003 - Groß Gaglow, Gallinchen, Kiekebusch

Die Entwicklung der Einwohnerzahl

Jahr	Einwohner
1807	5.503
1858	9.310
1905	46.270
1939	54.200
1965	75.541
1976	100.000
1989	129.224
2000	108.241
2004	106 515

Mit der Geburt des 100 000. Einwohners am 4. September 1976 wurde Cottbus die 15. Großstadt der DDR

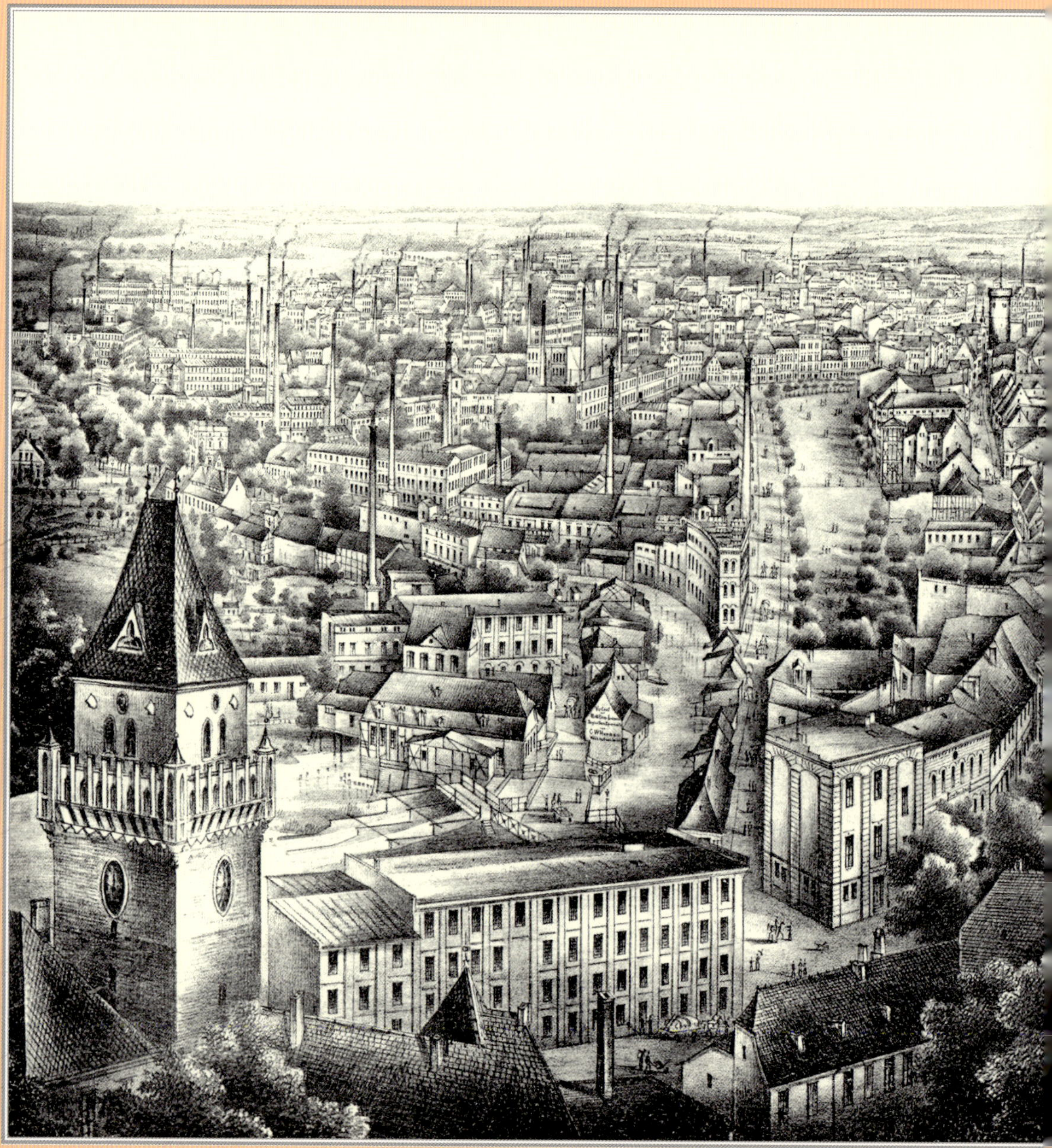

Das neue Bild der Stadt

Blick auf Cottbus, Zeichnung um 1890. Vom alten Cottbus sind nur noch die Türme wahrzunehmen; Schornsteine prägen das Stadtbild

Das neue Bild der Stadt

Eingemeindungen, Fabriken und neue Wohngebiete

Die Spremberger Straße, um 1930. Sie war mit mehreren Kaufhäusern und zahlreichen Geschäften die wichtigste Einkaufsstraße der Cottbuser

Große Teile der Stadtgeschichte ließen sich am Beispiel der Spremberger Straße (oben Einmündung in den Kaiser-Wilhelm-Platz) erzählen. Seit dem Mittelalter wohnten hier wohlhabende Handwerker, Händler und Kaufleute. Seit Mitte des 19. Jh. wurden die Häuser immer prächtiger, die Schaufenster immer größer und das Treiben immer bunter und vielfältiger. Von den Cottbusern kurz „Sprem" genannt, wurde die Straße zur Einkaufs- und Flaniermeile. Der letzte Krieg riss tiefe Wunden auch in das Bild der Sprem.

Zum Wiederaufbau wurden die legendären Trümmerfrauen eingesetzt und Bevölkerungsinitiativen, meist zusätzlich politisch motiviert, ausgeschrieben. Ohne Technik galt es vor allem Trümmer zu beräumen. Mit den Schuttbergen aus der Innenstadt wurden die Reste mittelalterlicher Wehrgräben in der Puschkinpromenade (Foto rechts) aufgefüllt

Das neue Bild der Stadt

In Trümmern

Die Lutherkirche wurde beim Bombenangriff am 15.2.1945 völlig zerstört

Nur die Fassade blieb stehen von der Lateinschule, die zuletzt Heimatmuseum war

Ruinen an der Bahnunterführung Dresdener Straße, heute Straße der Jugend

Stadtpromenade, Foto um 1975. Das sogenannte „Sternchen" war eine beliebte Café-Eis-Bar

Außerhalb des alten Stadtzentrums mit Sprem und Altmarkt entstand ab 1965 westlich der Altstadt ein zweites Stadtzentrum. Um eine großzügig gestaltete Grünfläche wurden Wohnhochhäuser (1969/71), ein Kaufhaus (1968), mehrere Handels- und Gastronomiebauten (1969/71), das Hotel „Lausitz" (1970) und die Stadthalle (1975) erbaut.
Die Straßenbahn wurde 1974 aus der Spremberger Straße herausgenommen und in das neue Stadtzentrum verlegt.

Neubaugebiet Sandow, um 1972

Das neue Bild der Stadt

Als Cottbus 1952 Bezirkshauptstadt und nach 1960 zum erklärten Zentrum der Kohle- und Energiewirtschaft der DDR wurde, war die Stadt für diese Funktionen zunächst zu klein.
Ein riesiges Neubauprogramm - wie auch in anderen Orten - konnte Abhilfe schaffen, und zugleich sollte eine neue Lebensweise Raum greifen. Mit den Typenwohnungen wurden die nötigen Kinderkrippen, Kindergärten und Schulen, Jugendklubs, Gaststätten, Handels- und Versorgungs- und Freizeiteinrichtungen sowie Verkehrsbauten errichtet.

Das neue Bild der Stadt

Die Jahre seit der gesellschaftlichen Wende bis zur Jahrtausendwende waren gezeichnet von Grundsteinlegungen, Richtfesten und Schlüsselübergaben. Angetrieben durch die Förderpolitik im Programm „Aufbau Ost", das Bundes- und Landesmittel in Milliardenhöhe aktivierte, und beflügelt durch steuerbegünstigende Modelle setzte ein unvergleichlicher Bauboom der öffentlichen wie der privaten Hand ein. Allein die Gebäudewirtschaft Cottbus investierte zeitweise jährlich 100 Millionen D-Mark in die Sanierung und Modernisierung ihres Bestandes. Cottbus erhielt vierspurigen Autobahnanschluß und ein modernes Kommunikationsnetz.

Richtfest für eine neue Feuerwache in der Dresdener Straße im August 1997

Grundsteinlegung für ein neues Arbeitsamt in der Bahnhofstraße.
Der Standort war lange umstritten. Nach der Wende bezog die Behörde, die es in Cottbus in dieser Form jahrzehntelang nicht gegeben hatte, zunächst Räume der ehemaligen Bezirks-FDJ-Leitung und dann der Bezirksleitung der SED. Doch der Raumbedarf zur Arbeitslosenverwaltung war noch größer...

850 Jahre Cottbus

Wand an Wand - gut ein halbes Jahrhundert Bau-Innovation: Während das Bauwerk vorn (heute Gaststätte „Zum Postkutscher") anläßlich einer Nachkriegs-Wirtschaftsmesse als Musterhaus nur aus Lehm entstand, repräsentiert die Vattenfall-Verwaltung dahinter, entworfen von einem Team der Fachhochschule Lausitz und 2004 eröffnet, die Aera in Glas, Stahl und Beton

KAPITEL V

Stadtverwaltung und kommunale Einrichtungen

Die neue Feuerwache in der Dresdener Straße

Rathaus, Straßenbahn, Wasserwerk…

Eine Stadt muss als Organismus organisiert und verwaltet werden. Die erste entsprechende Nachricht datiert aus dem 14. Jahrhundert: 1399 wird der erste Bürgermeister genannt.
1540 wurde eine Ordnung eingeführt, die fast 200 Jahre galt: Jährlich wählten die Bürger den Rat der Stadt, bestehend aus zwölf Mitgliedern. Diese bestimmten aus ihrer Mitte den nebenberuflich regierenden Bürgermeister, der die Rechnungen prüfte, Beschwerden entgegennahm, Bescheide erteilte und den Zins von den fünf Hauptgewerken einzog.
Wichtige Einnahmen kamen aus dem Ratskeller, der Stadtwaage und aus Vermietungen. Daneben galt es, die Abgaben der vier stadteigenen Kämmereidörfer einzuziehen und die Frondienste der Bewohner dieser Dörfer zu organisieren. Gewinn brachten auch die Stadtheide und die Mühlen.
Direkten Einfluss hatten die Bürger über den „bürgerlichen Ausschuss" nur sehr eingeschränkt. Erst 1720 wurde ein neues Stadtregime eingeführt, das auch wieder lange Zeit Bestand hatte. Von nun an entfiel die jährliche Wahl; die Zahl der besoldeten Ratsherren wurde auf acht festgeschrieben: Drei Bürgermeister, ein Syndikus, ein Kämmerer, ein Stadtrichter und zwei Senatoren. Eines der Ratsmitglieder übte dazu das Amt eines Fabrikinspektors aus.
1831 wurde die revidierte preußische Städteordnung auch in Cottbus eingeführt. Die Stadt erhielt ein Verfassungsstatut, die Bürgerschaft wählte fortan 30

Stadtverordnete, die aus ihrer Mitte vier Ratsherren in den Magistrat sandten. Elf Deputationen, in denen die Bürger auch direkt vertreten waren, nahmen Einfluss auf Magistrat und Stadtverordnetenversammlung.
Die Zahlen wechselten mit den Jahren, doch im Prinzip endete dieses System erst mit der Nazidiktatur, in der alle demokratischen Formen ausgeschaltet wurden. Auch nach 1945 war eine demokratische Verwaltung nur eingeschränkt möglich.
Erste Wahlen fanden im Herbst 1946 statt. Sieger wurde die Liberal-Demokratische Partei, doch den Oberbürgermeister stellte auf Druck der Besatzungsmacht die SED. Anders war es auch in den Jahren bis 1989 nicht: Die SED bestimmte die Zusammensetzung der Stadtverordnetenversammlung und des Rates der Stadt.
Erste freie Wahlen nach der Wende waren Ausdruck der wieder errungenen Demokratie. Im Mai 1990 wurden eine neue Stadtverordnetenversammlung und der Oberbürgermeister gewählt.

Das Neue Rathaus mit Foyer zur Berliner Straße

Das Neue Rathaus, Foto um 1940

Das Alte Rathaus genügte schon im 19. Jh. nicht mehr den Anforderungen an eine wachsende Stadtverwaltung. Die Dienststellen wurden immer mehr dezentralisiert. Langjährige Planungen führten schließlich 1934/38 zum Bau des Neuen Rathauses, für das ein ganzes Wohnquartier in der Altstadt abgerissen wurde.

Am Ende des Krieges schwer beschädigt, musste die Stadt ihr Rathaus 1952 für den Rat des Bezirkes räumen. Erst im Mai 1990 konnte die Stadtverwaltung wieder in ihr altes Neues Rathaus einziehen. Unweit davon wurden viele Dienststellen, die über die ganze Stadt verstreut waren, in einem technischen Rathaus zusammengeführt.

Stadtverwaltung und kommunale Einrichtungen

Das alte Rathaus schloß den Markt Richtung Westen ab. Der Platz war deutlich kleiner als der heutige Altmarkt und wurde, wie es früher dem Wesen solcher Orte entsprach, für Bauernmärkte genutzt

Stadtverwaltung und kommunale Einrichtungen

Private und öffentliche Brunnen und die Spree lieferten seit dem Mittelalter Trink- und Brauchwasser. Mit dem stürmischen Wachsen der Stadt Ende des 19. Jh. wurde der Bau einer zentralen Wasserversorgung und Abwasserentsorgung dringlich. Das Projekt wurde 1896/99 ausgeführt. Vielfach modernisiert, 1945 stark beschädigt, aber bald wieder in Gang gesetzt, versorgten Wasser- und Kanalwerk die Stadt immer zuverlässig.

Der alte Wasserturm wird noch heute in seiner ursprünglichen Funktion benutzt. Manchmal finden im Turmraum direkt unter dem Wasserbehälter auch Konzerte statt, zu denen die Lausitzer Wasser-Gesellschaft (LWG) einlädt

Wasserturm, um 1898

Elektrizitätswerk, um 1910

Ende des 19. Jh. wuchs das Interesse von Bevölkerung, Gewerbe und Industrie an der Versorgung mit elektrischer Energie. Deshalb beschloss die Stadt, ein städtisches Elektrizitätswerk zu errichten und dafür die Wasserkraft des Mühlgrabens zu nutzen. Die Firma Siemens & Halske erbaute das Werk bis 1903, zwei Wasserturbinen und zwei Dampfmaschinen lieferten den elektrischen Strom, mit dem ab 1909 auch die Dörfer des Umlandes versorgt wurden. Seit 1927 wurde die Elektroerzeugung durch ein neues Dieselkraftwerk erweitert und gesichert.

Stadtverwaltung und kommunale Einrichtungen

Die stark angestiegene Stadtbevölkerung brachte auch Probleme des Personenverkehrs mit sich. Schon seit 1884 gab es Pläne zum Bau einer Straßenbahn. Erst mit dem Bau des Elektrizitätswerkes stand die benötigte Energie zur Verfügung. 1903 konnte die Straßenbahn auf drei Linien eröffnet werden. Bis in die jüngste Vergangenheit erweitert und modernisiert, ist die Cottbuser Straßenbahn noch immer ein wichtiger Faktor im Personennahverkehr. Seit 1927 wird das Netz der Straßenbahn durch Omnibusse ergänzt.

Bau der Straßenbahngleise am Spremberger Turm, 1903

Bild links: *Aus dem ehemaligen Dieselkraftwerk wird ein Kunstmuseum*

*Städtisches Krankenhaus,
um 1930*

Vom ersten Stadtarzt und dem städtischen Hospital im 16. Jh. bis zum Baubeginn eines modernen Krankenhauses war es ein langer Entwicklungsgang. Dann dauerte es aber von der Grundsteinlegung 1912 bis zur Einweihung 1914 keine zwei Jahre, und Cottbus hatte eine Einrichtung, die mit 330 Krankenbetten allen medizinischen und technischen Anforderungen entsprach. Der renommierte Unfallchirurg Prof. Carl Thiem hatte als Fachmann und aktiver Kommunalpolitiker Mehrheiten für dieses Projekt gewonnen, brachte seine Privatklinik und seine orthopädischen Werkstätten in das neue Krankenhaus ein und wurde erster Ärztlicher Direktor.

Doch gleich nach der Eröffnung mußte das Städtische Krankenhaus als Lazarett für die ersten Kriegsverwundeten umgerüstet werden. In den 20er Jahren wurde durch einen Neubau die Kapazität wesentlich erweitert. Durch Bomben schwer beschädigt und wieder aufgebaut, wurde schon 1948 mit 950 Betten die Vorkriegskapazität übertroffen. Medizinisch erreichte das spätere Bezirkskrankenhaus hohes Niveau.

Bild links:
Die Fachklinik für Operationen am offenen Herzen kooperiert mit dem städtischen Carl-Thiem-Klinikum

Die Kapazität des Cottbuser Krankenhauses reichte seit den 60er Jahren nicht mehr aus. Ähnlich wie die Stadtverwaltung, musste auch das Krankenhaus Abteilungen in andere Gebäude verlagern, Abhilfe brachte erst ein 1982 fertiggestellter, großzügiger Neubau. Nach 1990 wurde das Krankenhaus umfassend modernisiert. Ergänzt mit weiteren medizinischen Einrichtungen, wie ein Herzzentrum oder das Mutter-Kind-Haus, ist der Cottbuser Klinikstandort heute das Zentrum für die medizinische Versorgung im Süden Brandenburgs.

> Schenken Sie Ihre Aufmerksamkeit den geweihten Stätten, die man mit dem vielsagenden Wort Laboratorium bezeichnet. Fordern Sie, daß man sie vervielfache und reich ausstatte. Sie sind die Tempel der Zukunft des Wohlstandes und Gedeihens. Hier ist es, wo die Menschheit größer, stärker, besser wird. Hier lernt sie in den Werken der Natur zu lesen, Werken des wahren Fortschritts und weltumfassenden Einklangs während ihre eigenen Werke nur allzuoft Werke der Barbarei, des Fanatismus und der Zerstörung sind.
>
> Louis Pasteur

Schrifttafel im Hygieneinstitut in unmittelbarer Nachbarschaft zum Klinikum

Brunnenplastik am Krankenhaus. Es war die erste Plastik, die während der DDR-Zeit für den öffentlichen Raum in Cottbus geschaffen wurde

1914 als städtisches Krankenhaus eingeweiht: - das Carl-Thiem-Klinikum

Offizin der Löwenapotheke am Altmarkt. Hier wirkte im 16. Jh. der erste Stadtphysikus. In den hinteren Räumen ist ein Apothekenmuseum eingerichtet

Tag der offenen Tür im August 1997 bei der Cottbuser Berufsfeuerwehr im alten Depot in der Ewald-Haase-Straße. Diese Straße ist nach einem verdienstvollen Cottbuser Feuerwehrmann benannt

Bereits 1930 hatte die Stadt Cottbus eine damals moderne Feuerwache gebaut, die aber Ende des 20. Jh. nicht mehr ausreichte. So wurde im Süden der Stadt 1999 für Feuerwehr und Rettungsdienst ein neues Gebäude erbaut (Bild Seiten 82/83). Hier befindet sich auch die Leitstelle für den Landkreis Spree-Neiße, die Leitstellenfunktion wird demnächst auch für den Landkreis Oberspreewald-Lausitz übernommen.

Mit den Eingemeindungen 1950, 1993 und 2004 hatte die Cottbuser Feuerwehr jeweils auch die örtlichen Freiwilligen Feuerwehren zu übernehmen und mit entsprechender Technik auszustatten. Beständig werden große Anstrengungen unternommen, Nachwuchs für die Wehren zu gewinnen und auszubilden.

Bilder rechte Seite: Übergabe neuer Technik an die Freiwilligen Feuerwehren 1995 im Ortsteil Ströbitz (unten) und 1998 in Dissenchen

Neues Heizkraftwerk, um 2001

Die seit Ende der 50er Jahre entstandenen Wohngebiete wurden mit Fernwärme versorgt. Dafür entstand 1968 ein Heizkraftwerk, seit den 80-er Jahren bezog die Stadt auch Fernwärme aus dem Kraftwerk Jänschwalde. Technische und umwelttechnische Gründe erforderten einen Neubau. 1999 lieferte das neue Werk ersten Strom und Wärme, allerdings wegen nicht ausgereifter Feuerungstechnik nach einem Braunkohle-Wirbelschicht-Prinzip mit erheblichen Anlaufproblemen.

KAPITEL VI

Das Handwerk der Stadt

Das Handwerk

*Neues Berufsausbildungszentrum der
Handwerkskammer Cottbus in Gallinchen*

Verachtet mir die Meister nicht

Seit der Stadtgründung (und auch zuvor schon von den slawischen Bewohnern) wurden in Cottbus verschiedene Handwerke ausgeübt. Neben der Selbstversorgung der Stadt spielte die Erzeugung von Produkten für den Handel eine wichtige Rolle.
Die Handwerker waren in Zünften (Innungen) organisiert und wohnten häufig in bestimmten Stadtvierteln bzw. Straßen. Wichtigste Gewerke waren die Tuchmacher und die Leinenweber. Das älteste Handwerkerprivileg, eine Festschreibung von Rechten und Pflichten, datiert von 1405, als ältere Rechte bestätigt wurden. Ein ähnliches Privileg erhielten die Leinenweber ein Jahr später. In Urkunden werden auch die Zünfte der Fleischer, Bäcker und Schuhmacher genannt, ebenso die der Bierbrauer. Ein altes Vorrecht, 1510 erneut vom brandenburgischen Kurfürsten bestätigt, war der so genannte Meilenzwang. Das hieß, dass sich in den Dörfern der Umgebung keine Handwerker niederlassen durften.
Seit dem 16. Jh. kam es zu einer immer größeren Spezialisierung im Handwerk, allein für die Metallverarbeitung gab es 1652 zwölf verschiedene Handwerksberufe. Im 18. Jh. begann eine soziale und sozialökonomische Differenzierung. In manchen Handwerksarten entstanden Manufakturen, manche Meister wiederum konnten durch bessere Produktion mehrere Gesellen anstellen und demzufolge mehr produzieren als andere.
Doch die Zünfte achteten eifersüchtig auf die Einhaltung alter Vorrechte. Erst die preußischen Reformen im 19. Jh.

ermöglichten die Gewerbefreiheit für die Entwicklung des Handwerks.

In der DDR wurde das Handwerk einerseits streng reglementiert, andererseits sollte mit Genossenschaften ein sozialistisches Gegengewicht zum privaten Handwerk geschaffen werden.

Die Einführung der sozialen Marktwirtschaft nach 1989/90 war auch für das Handwerk in jeder Hinsicht ein Wendepunkt.

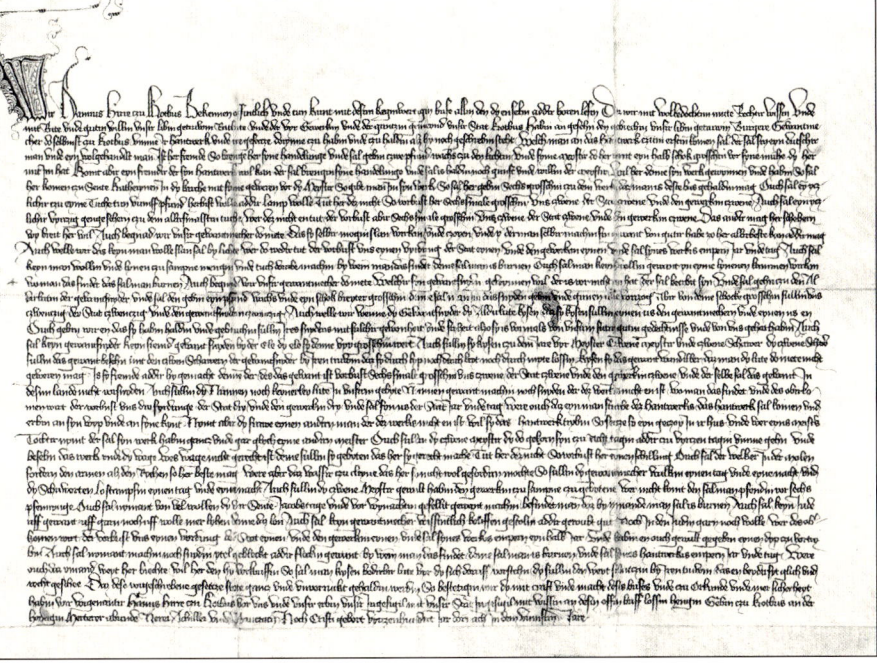

Tuchmacherprivileg von 1405

Johann von Cottbus bestätigte den Tuchmachern bestehende Rechte. Er schrieb die Organisation und Art der Tuchherstellung exakt vor. Wolle und Leinengarn durften nicht vermischt und nur Herbst- oder Kammwolle für die Tuche verwendet werden. Meister konnte werden, wer von „ehrlicher Geburt und deutscher Abstammung" war; Sorben/Wenden blieben damit ausgeschlossen.

Bei einer Volkszählung wurden 1652 auch die Berufe der Bürger erfasst. Zwar waren die Folgen des 30jährigen Krieges noch lange nicht überwunden, doch zeichnete sich ein Bild fortgeschrittener Spezialisierung im städtischen Handwerk ab. Zu beachten ist, dass einige genannte Berufe natürlich keine Handwerksberufe sind.

Bild links: Die Traditionen werden neu belebt; hier Einmarsch der Innungsfahnen beim „Tag des Meisters" 1998

Advokaten	3	Hutmacher	6
Apotheker	1	Kannegießer	3
Bäcker	11	Koch	1
Bader	2	Kramer	4
Beutler	2	Kupferschmiede	3
Böttcher	4	Kürschner	7
Bürstenbinder	1	Leinenweber	21
Färber	3	Maler	3
Fleischer	9	Maurer	2
Fuhrleute	8	Messerschmiede	2
Gastwirte	1	Nadler	1
Gerber	1	Nagelschmiede	2
Glaser	2	Pfeifer	1
Goldschmiede	2	Posamentier	1
Gürtler	1	Rektor	1
Handelsleute	6	Riemer	3
Hufschmiede	3	Ringschmied	1

Sattler	2
Schneider	14
Schlosser	1
Schuster	21
Schreiber	2
Schwertfeger	1
Seifensieder	1
Seiler	5
Sporer	1
Stadtrichter	1
Stellmacher	1
Tischler	3
Tuchbereiter	1
Tuchmacher	24
Tuchscherer	1
Wasserträger	1
Zimmerleute	1

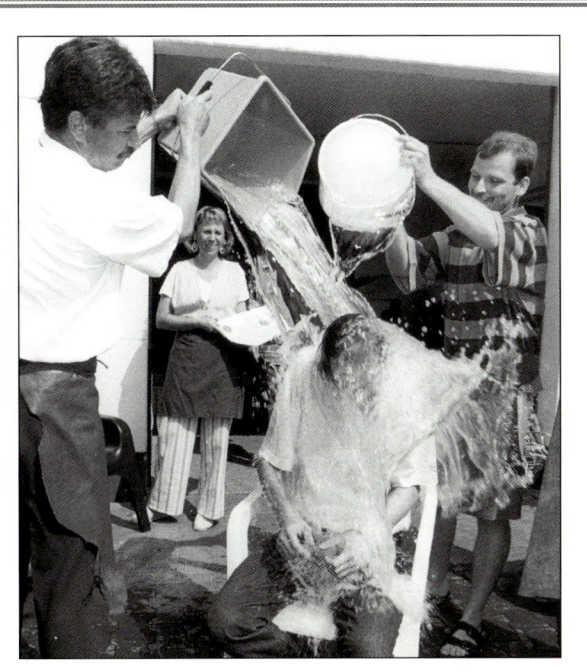

Handwerkliches Brauchtum: Durch das Gautschen wird der Buchdrucker-Gehilfe „zünftig", also - wie hier in einer Cottbuser Druckerei - mit dem Gautschbrief zum Gesellen ernannt

Herbergsschild der Cottbuser Tuchmacher, 1726

Im 18. Jahrhundert nahm die Cottbuser Tuchmacherei einen gewaltigen Aufschwung. Sie wurde zur dominierenden Wirtschaftskraft.
Wurden 1705 nur 520 Stück Tuche hergestellt, waren es um 1785 bereits 5.450 Stück. Mitte des 18. Jh. arbeiteten in diesem Gewerk 107 Meister und 36 Gesellen, um 1800 waren es 215 Meister und 206 Gesellen. Die Wolle wurde auf den Cottbuser Wollmärkten (jährlich zwei) aus den

Das Handwerk

umliegenden Dörfern geliefert, von Händlern aber auch aus Schlesien und Sachsen eingeführt. Die Tuche brachten einige Tuchmacher selbst zu den Messen nach Leipzig, Breslau oder Frankfurt, kleinere Meister übergaben ihre Ware örtlichen Tuchhändlern. Auch auf den Jahrmärkten und auf dem städtischen Tuchmacherboden auf dem Rathaus wurden Cottbuser Tuche gehandelt.

Im Jahre 1785 wurden in Cottbus insgesamt in allen Zünften 826 Handwerksmeister mit 307 Gesellen und 161 Lehrlingen gezählt. Neben den schon in der Zählung von 1652 auftretenden Gewerken wurden jetzt genannt: Töpfer, Steinsetzer, Drechsler, Leistenschneider, Kammmacher, Büchsenmacher, Klempner, Scherenschleifer, Siebmacher, Uhrmacher, Konditor, Pfefferküchler, Tabakspinner, Strumpfstricker, Buchbinder, Buchdrucker und Huf-, Bohr-, und Sägeschmiede. Die Gerber hatten sich spezialisierend in Weiß- und Lohgerber geteilt.

Pokal der ehrbaren Cottbuser Leinenweber aus dem Jahre 1729

Zum Handwerkeralltag gehört kulturvolle Freizeitgestaltung. Der Bäckerchor hat jahrzehntelange Tradition und einen guten Ruf unter den Sangesgemeinschaften

Seit 1991 finden regelmäßig, initiiert von der Sparkasse, Handwerksmessen statt. Hier informiert sich Oberbürgermeister Waldemar Kleinschmidt (r.) über das Leistungsprofil des namhaften Tischlereiunternehmens Bialas

Verachtet mir die Meister nicht

Mit dem Cottbuser Krebs, dem Handwerkerzeichen und den Worten „Handwerk dient dem Frieden" versehen ist dieser massivgoldene Ehrenring, der dem ersten Präsidenten der Handwerkskammer Cottbus, Kurt Gulben, in den 1960er Jahren verliehen wurde. Gefertigt hat ihn Goldschmiedemeister Wesenberg als Mitarbeiter im Traditionshause F.F. Sack. Der Ring befindet sich heute im Stadtmuseum

Fleischermeister Günther Britza, damals Innungsobermeister, begrüßte 1995, im Jahr der Cottbuser Bundesgartenschau, die Delegierten des 105. Deutschen Fleischer-Verbandstages in Cottbus. Die Stadt ganz im Osten der Bundesrepublik gewann auch durch die Leistungen seines Handwerks an Reputation

Die Handwerker fanden seit dem Ende des 19. Jh. ihre Berufsvertretung in Frankfurt/Oder. 1953 wurde eine Handwerkskammer in Cottbus selbst gegründet, die für den ganzen Bezirk Cottbus zuständig war. Als Verwaltungssitz wurde dafür ein ehemaliges Hotel am Altmarkt ausgebaut.

Seit 1991 umfasst der Cottbuser Kammerbezirk den Süden Brandenburgs. Die Körperschaften des Handwerks, darunter die Kreishandwerkerschaft Cottbus, bemühen sich von hier aus erfolgreich um Einfluß auf Landes- und Bundespolitik. Gelegenheit zu Begegnungen mit Persönlichkeiten aus Politik, Medien und Gesellschaft bieten seit 1994 auch die festlichen Handwerkerbälle.

Bäckermeister Peter Dreißig, hier beim XII. Handwerkerball mit seiner Frau Cornelia, ist seit 2001 Präsident der Handwerkskammer Cottbus

Sitz der Handwerkskammer am Altmarkt

Kapitel VII

Motor der Stadtentwicklung - die Industrie

Seit dem ausgehenden 19. Jahrhundert und in stärkstem Maße in den letzten vier Jahrzehnten des 20. Jahrhunderts prägte das „Schwarze Gold" den Lebensrhythmus der Lausitzer. Cottbus selbst wurde mit dem Tagebau Nord (Bild) und dem Kraftwerk Jänschwalde zur Stadt der „Kumpel".
In der Gegenwart ist Vattenfall mit seinen Bereichen Bergbau und Stromerzeugung bedeutender Arbeitgeber. Das Interesse der Einwohner am Tagebautourismus nimmt stetig zu, weil sich die Visionen vom künftigen Ostsee, den der Bergbau hinterläßt, stark verbreiten.

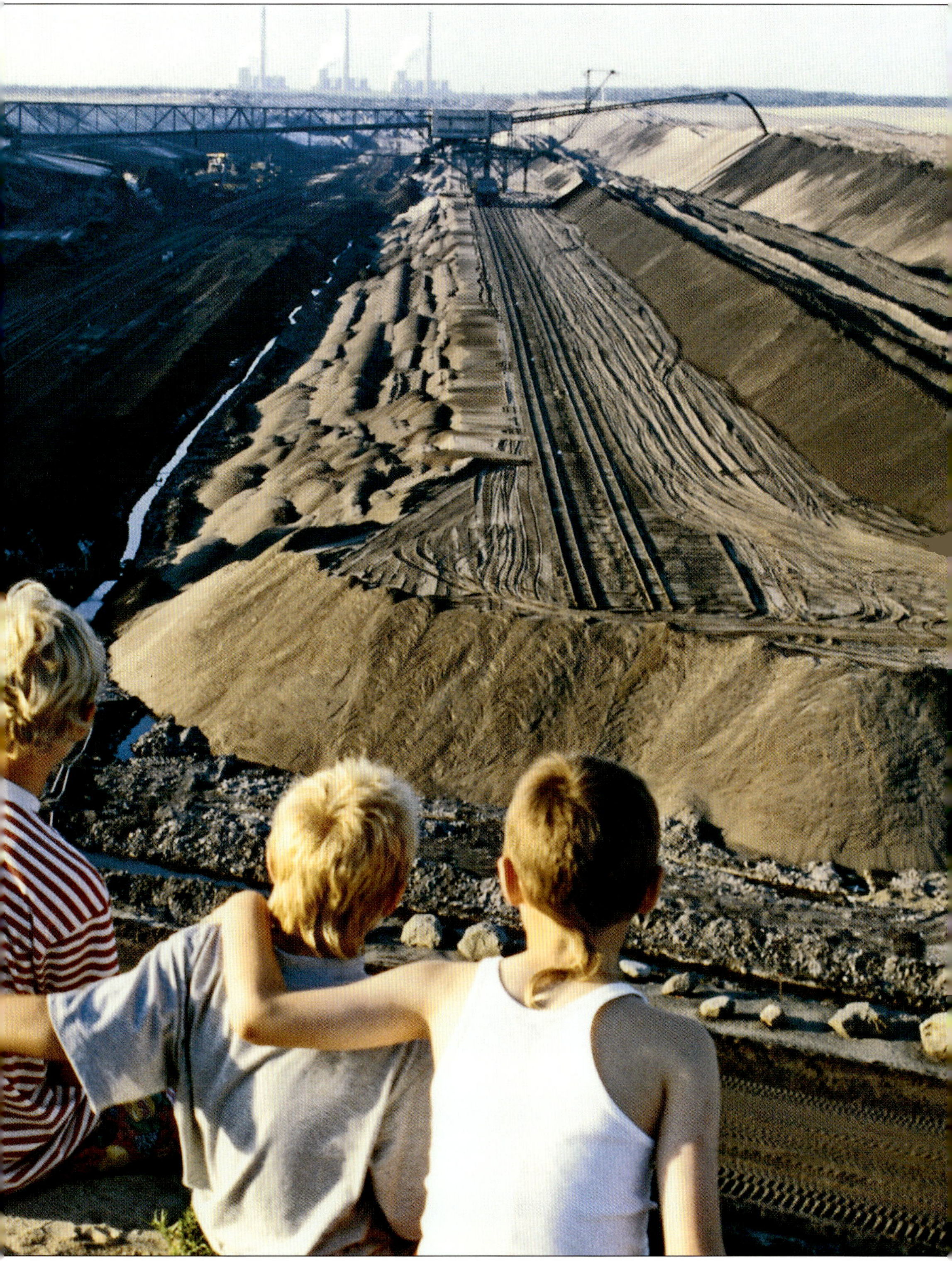

Cottbuser Tuche - weltbekannt

Eingebunden in einem europaweiten Prozess, der Industrielle Revolution bzw. Industrialisierung genannt wird, kam es im 19. Jh. zu einem radikalen Umschwung, durch den aus der mittelalterlichen Kleinstadt Cottbus eine moderne Industriestadt wurde.
Diese Entwicklung wurde unter anderem durch das Zusammenwirken und wechselseitige Beeinflussen folgender Faktoren bestimmt:
- Anhäufung und Einsatz von freiem Kapital
- Entwicklung neuer Technologien
- Ansiedlung von Fach- und Hilfskräften
- entscheidende Verbesserung der Verkehrsverhältnisse
- Lösung des Brennstoffproblems

Der Sprung von der handwerklichen zur industriellen Produktion vollzog sich in Cottbus zunächst in der Tuchherstellung. 1835 entstand eine erste richtige Tuchfabrik. Alle Prozesse zur Herstellung des Tuches standen unter einer Leitung in einem Betrieb: Spinnerei, Weberei, Walke und Appretur.
Noch aber wurden alte Maschinen, die größtenteils aus Holz bestanden, mit einem Pferdegöpel betrieben. Die volle Entfaltung der Textilindustrie vollzog sich erst seit der Mitte des 19. Jh., die Dampfmaschine wurde zum zentralen Kraftantrieb, ein differenzierter, eiserner Maschinenpark ersetzte hölzernes Manufakturgerät, zahlreiche Tuchfabriken wurden gegründet. Daneben entstand eine Vielzahl von Zulieferer- und Konfektionsbetrieben, Tuchgroßhandlungen und Spezialbetriebe wie Färbereien und Appretur.

Weitere und zunehmend wettbewerbsfähige Industriebetriebe entstanden in den Bereichen Maschinenbau, Nahrungs- und Genussmittelwirtschaft, Holzverarbeitung und im Druckgewerbe.
Um 1900 war Cottbus auch in industrieller Hinsicht das Zentrum der Niederlausitz.

Industriestruktur der Stadt Cottbus 1925

	Betriebe	Arbeiter
Maschinenbau und Eisengießerei	21	831
Übrige Metallindustrie	37	664
Buchdruckerei und Zeitungsverlage	11	359
Hutindustrie	1	200
Leinen- und Baumwollindustrie	3	357
Tuchindustrie	84	6.348
Textilveredlung	12	353
Holzindustrie	27	272
Tabak- und Zigarrenfabrikation	19	56
Brauerei und Mälzerei	4	111
Branntweinherstellung	15	134

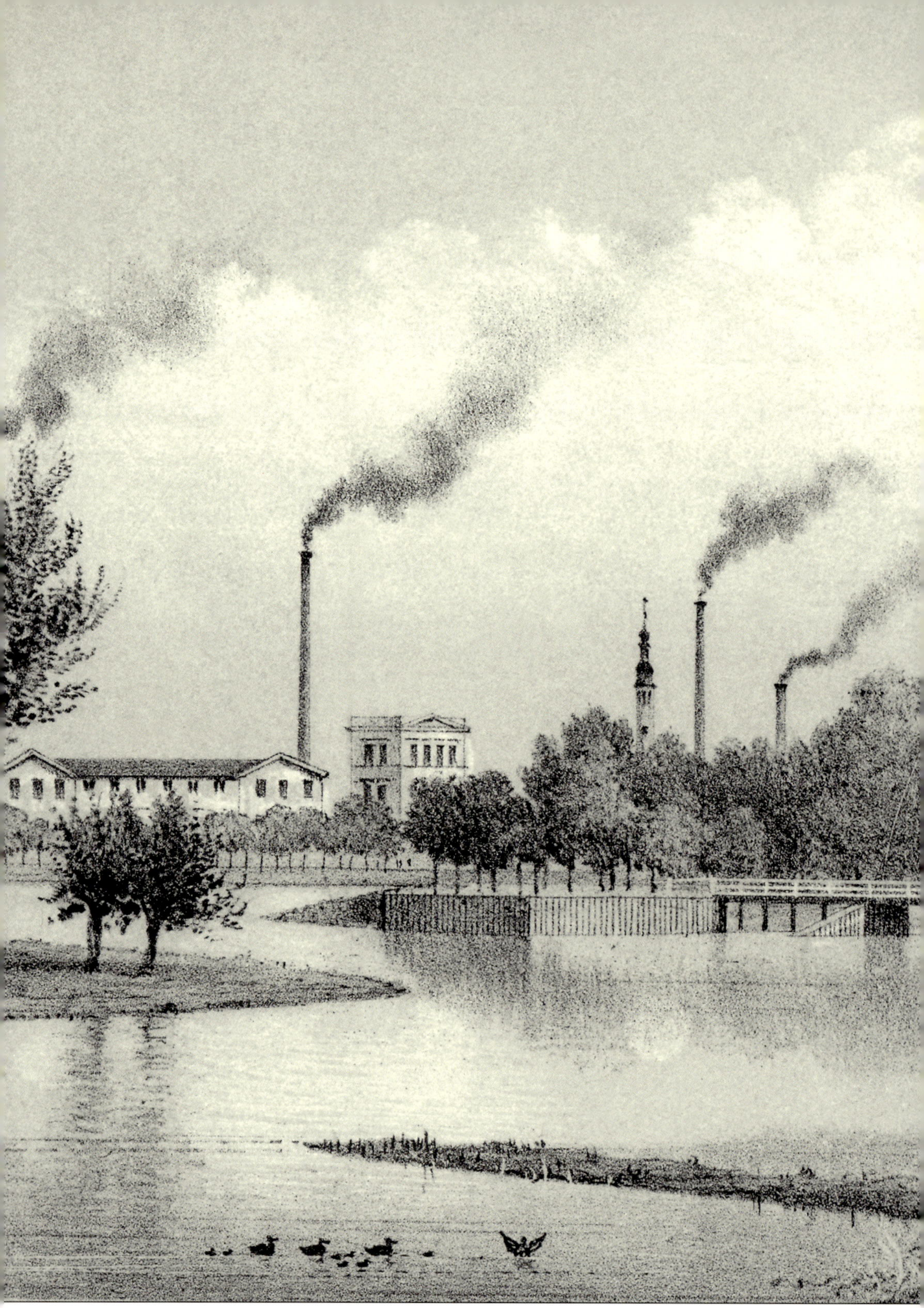

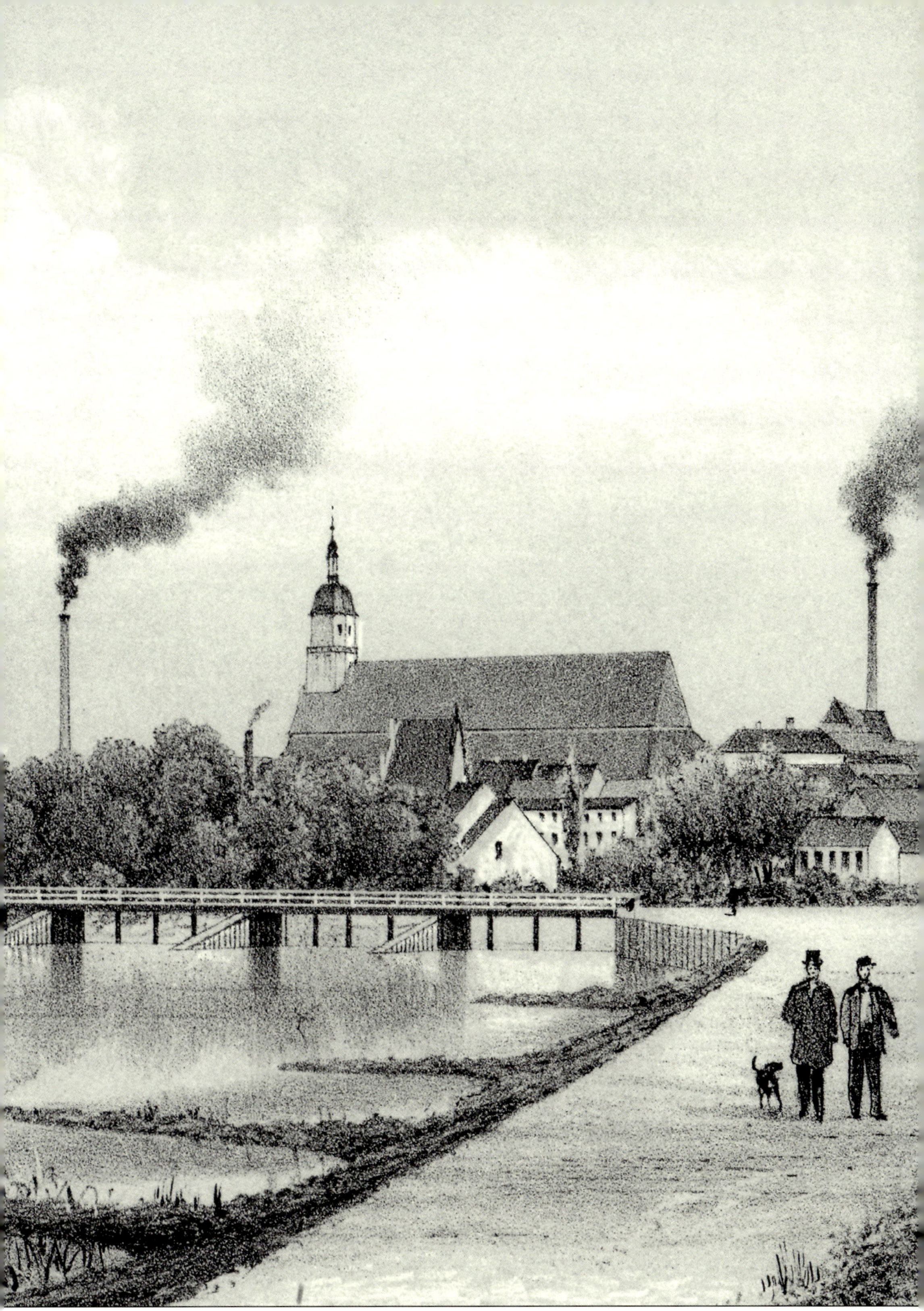

Vorherige Doppelseite:
*Blick auf Cottbus vom Kleinen Spreewehr, Lithographie um 1875.
„Der Schornstein muss rauchen" – das war die Devise des 19. Jahrhunderts, der qualmende Schornstein galt als Symbol der Wohlstand bringenden neuen Zeit*

Spinnerei und Websaal in einer Cottbuser Tuchfabrik, um 1920

Cottbuser Tuche wurden zu einem Qualitätsbegriff in ganz Europa, der Export erreichte bald auch Übersee.
1860 produzierten 1 899 Arbeiter 42 000 Stück Tuche, nur 30 Jahre später waren schon 5 862 Arbeiter beschäftigt und es wurden 150 000 Stück Tuche hergestellt.

Cottbuser Industrie

Enteignungen in mehreren Wellen nach 1945 und Zwangsplanwirtschaft veränderten einerseits nachhaltig die Cottbuser Industriestruktur, andererseits mussten die alten Produktionsgebäude weiter genutzt werden, äußerst selten nur wurde ein neues Werk erbaut.

Einer der wenigen neuen Betriebe war der KIB, 1950 errichtet. Bis heute wird das einst zur „industriellen Instandsetzung" reparaturbedürftiger Fahrzeuge gedachte Werk als Autohaus für Verkauf und Service genutzt. In der Nähe, dem so bezeichneten Industriegebiet Ost, entstanden seit den 1970er Jahren weitere Betriebe, z.B. eine Großbäckerei und ein Milchhof.

Bis 1972, als die letzte Enteignung von Produktions-Unternehmen stattfand, gab es in Cottbus auch private Textilfirmen, die weltmarktfähig waren, wie zum Beispiel die Tuchfabrik Herfarth.

Kraftfahrzeug-Instandsetzungs-Betrieb (KIB) Cottbus, um 1960 (oben) und Autopräsentation vor dem selben Objekt im Jahr 2005 - jetzt mit Mercedes-Stern

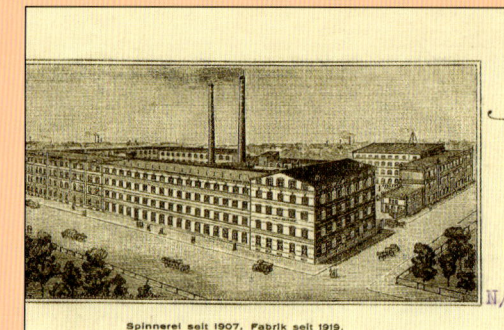

Berthold Herfarth

Tuchfabrik

Spinnerei seit 1907. Fabrik seit 1919.

BANK-KONTEN:
Reichsbank-Giro-Konto
Vereinsbank Cottbus

POSTSCHECK-KONTO:
Berlin 94296

DRAHTANSCHRIFT:
HERFARTH COTTBUS

FERNSPRECHER:
Nr. 1570 u. 1532

COTTBUS
Pücklerstraße 20

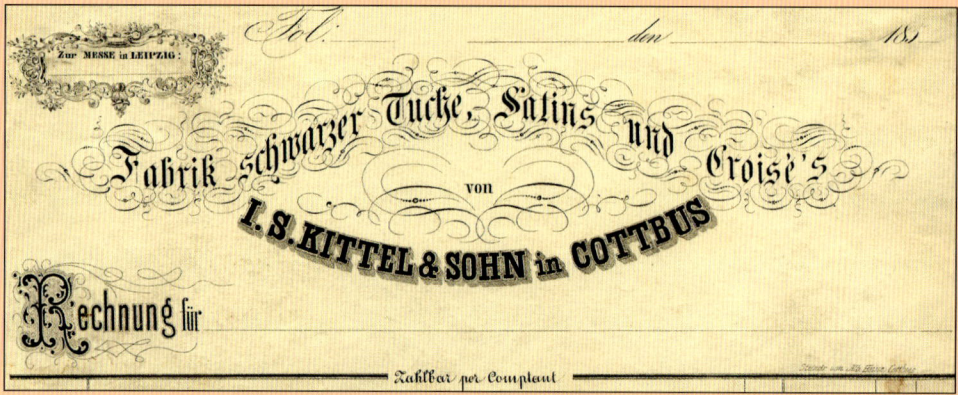

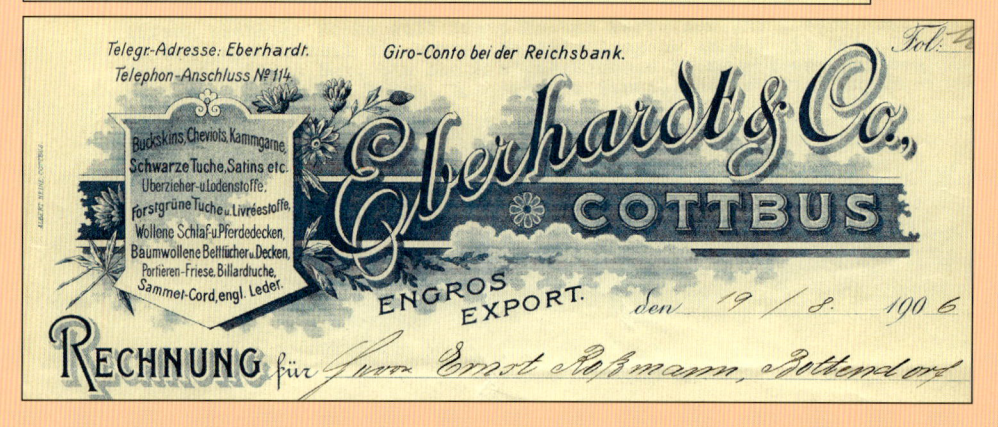

Zur Messe in Leipzig:

Fol: _____ den _____ 18__

Fabrik schwarzer Tuche, Satins und Croisé's von

I. S. Kittel & Sohn in Cottbus

Rechnung für

Zahlbar per Comptant

Ulrich Michovius i/Fa. **W. Michovius**, COTTBUS
G.-M.-B.-H. K.-G.

BANK-KONTO: COMMERZ- U. PRIVATBANK
AKTIENGESELLSCHAFT, FILIALE COTTBUS
TELEGRAMM-ADR.: TUCHHAUS COTTBUS

POSTSCHECK-KONTO: BERLIN NR. 137940
TELEPHON-ANSCHLÜSSE 2957 U. 2958

Cottbus, den 26. Januar 1937

Telegr.-Adresse: Eberhardt.
Telephon-Anschluss № 114

Giro-Conto bei der Reichsbank.

Fol:

Eberhardt & Co., COTTBUS

Buckskins, Cheviots, Kammgarne,
Schwarze Tuche, Satins etc.
Überzieher- u. Lodenstoffe,
Forstgrüne Tuche u. Livréestoffe,
Wollene Schlaf- u. Pferdedecken,
Baumwollene Betttücher u. Decken,
Portieren-Friese, Billardtuche,
Sammet-Cord, engl. Leder.

ENGROS EXPORT.

den 19 / 8. 1906

RECHNUNG für Herrn Ernst Roßmann, Zottendorf

118

Cottbuser Industrie

TEXTIL- UND KONFEKTIONSBETRIEB COTTBUS GmbH

Textil- und Konfektionsbetrieb Cottbus GmbH
DDR 7500 Cottbus ▪ Helmut-Just Allee ▪ PSF 252/IV

VEB TEXTIL- UND KONFEKTIONSBETRIEB COTTBUS

BETRIEB DES VEB TEXTIL-KOMBINAT COTTBUS

Betrieb der ausgezeichneten Qualitätsarbeit

VEB Textil- und Konfektionsbetrieb Cottbus
DDR 7500 Cottbus · PSF 252/IV

VEB Tuchfabrik Cottbus

Werk I
Ostrower Damm 17 - 18
Telefon 3001 - 3003
Werk II
Parzellenstraße 10
Telefon 4491

VEB Cottbuser Wollwaren-Fabrik

75 COTTBUS
Berliner Straße 16
Telegramme: Cottbuser Wolle, Cottbus
Fernruf: Verwaltung 4550-54
Absatz 3043
Materialversorgung 3397
Fernschreiber: Wolle Ctb 017-236
Bankkonto: Deutsche Notenbank Cottbus
Konto-Nr. 17030 Bank-Kenn-Nr. 106000
Betriebs-Nr. 06/0209

Briefköpfe von Cottbuser Textilunternehmen im Wechsel der Zeiten

Cottbuser Industrie

1993 konfektionierte noch das Steilmann-Unternehmen im TKC, schließlich aber übernahmen Handel, Gastronomie und Freizeitsport die Flächen

In Norden der Stadt eröffnete 1969 ein Textilgroßbetrieb – das Textil-Kombinat Cottbus (TKC). Strickmaschinen wirkten aus Polyestergarn textile Flächen. Die Stoffe unter dem Namen „Präsent 20" waren nur unter den Bedingungen des RGW–Marktes absetzbar. Marktwirtschaftlich und auch als Auswirkung weltweiter Veränderungen war die Cottbuser Textilindustrie nicht mehr konkurrenzfähig, das Werk mit 1990 noch 4000 Beschäftigten wurde stufenweise reduziert, die letzte Produktion lief 2004 aus. Die Werkhallen wurden zum Einkaufsmarkt und zu Freizeiteinrichtungen.

Die Braunkohle, seit Mitte des 19. Jh. vielfältig mit der Stadt Cottbus verbunden, hat als Energieträger große Bedeutung für die Stadt und die Lausitz behalten. Nach tiefgreifenden Umstrukturierungen in den 90er Jahren und umfangreichen Modernisierungen unter den Gesichtspunkten von Umweltschutz und Rentabilität werden Tagebaue und Kraftwerke der Region vom schwedischen Konzern Vattenfall geführt. 2004 eröffnete Vattenfall im Süden von Cottbus den Neubau seiner Verwaltung

Eingang zum Stammbetrieb des Textilkombinates Cottbus im Norden der Stadt

Symbolhaft für Tradition und Zukunft: Das neue Verwaltungsgebäude der Vattenfall Europe Mining AG und die Umgebung im Cottbuser Südeck

KAPITEL VIII

Märkte und Handel in Cottbus

Einkaufszentrum am südlichen Stadtrand, erst 2003 zu Cottbus eingemeindet

Märkte und Handel

Auf zum Jahrmarkt nach Cottbus

Zwei wichtige Fernhandelsstraßen - die eine ging von Böhmen über die Oberlausitz in die Messestadt Frankfurt/Oder und weiter nach Stettin und die andere war ein Arm der Salzstraße aus dem Raum Lüneburg/Braunschweig/Halle nach Schlesien - führten über Cottbus. So waren wichtige Bedingungen gegeben, dass Cottbus seit je her auch eine Stadt des Handels und der Märkte war.
Schon für das 12. Jh. ist ein Markt bezeugt. Die Oberkirche war dem Heiligen Nikolai geweiht, dem Schutzheiligen der Kaufleute und Händler – auch ein Zeichen für die Bedeutung des Marktortes Cottbus. Besonders wichtig waren die Jahrmärkte, für Cottbus erstmals 1457 genannt. Zweimal im Jahr, im Frühjahr und im Herbst, kamen Händler aus der ganzen Lausitz, aber auch aus Schlesien, Sachsen, Brandenburg und noch von weiter her, und boten ihre Waren feil bzw. kauften einheimische Produkte.
Neben dem Jahrmarkt gab es noch verschiedene Spezialmärkte, u.a. Vieh-, Woll- und Wachsmärkte und eine Karpfenbörse. Seit dem Ende des 19. Jh. verloren die Jahrmärkte ihre wirtschaftliche Bedeutung und wurden immer mehr zu Vergnügungsmärkten. In dieser Form finden sie noch heute statt.
Mit dem Aufschwung Ende des 19. Jh. entwickelten sich auch neue Formen im Handel. Entlang der Hauptstraßen entstanden Spezialgeschäfte, die mit ihren großzügigen Schaufenstern die Kunden anlockten.
Um 1900 boten mehrere Kaufhäuser, eine völlig neue

Jahrmarkt in Cottbus!
Das Ziel der Tausende von fern und nah!
Einzigartig als Schau der bunten Wendentrachten.

Kategorie im Handel, der Stadt- und Landbevölkerung umfangreiche, manchmal hoch spezialisierte Sortimente in größter Vielfalt preisgünstig an.
Wiederum ein grundlegender Wandel im Handel vollzog sich seit den 1950-er Jahren. Zwei gesellschaftliche Handelsunternehmen, der genossenschaftliche Konsum und die volkseigene HO (Handels-Organisation), beherrschen die Kauflandschaft, private Geschäfte wurden immer mehr zurückgedrängt, teilweise enteignet, verstaatlicht, geschlossen. Dafür entstand als neue Handelsform die Kaufhalle, besonders ab 1960 in den Neubaugebieten.
Nach 1990 zogen große Handelsketten auch in Cottbus ein, zahlreiche Supermärkte wurden ebenso gebaut wie riesige Einkaufszentren am Rande der Stadt. Für spezielle Sortimente und hochwertige Konfektion entstand ein Netz örtlich privat geführter Geschäfte.

Neben den Jahrmärkten trugen vor allem die Wochenmärkte zur Versorgung der Stadtbevölkerung bei. Bauern und Gärtner der Umgebung, die Frauen häufig in ihren wendischen/sorbischen Trachten, brachten ihre Produkte an bestimmten Tagen zum Verkauf. Die Wochenmärkte hatten bis in die 1970-er/80-er Jahre durchaus ihre Bedeutung zur unmittelbaren Versorgung, Reste alter Markttradition kann man heute noch rund um die Oberkirche beobachten. Hier bedienen sich heute Kunden, die bei Gemüse, Fleischwaren und Blumen Wert auf Frische und ökologische Reinheit legen.

Wochenmarkt an der Oberkirche, um 1930

Auf zum Jahrmarkt nach Cottbus

Schon seit Ende des 19. Jh. fanden gelegentlich Ausstellungen und Messen Cottbuser Händler, Handwerker und Gewerbetreibender statt. Größere Ausmaße nahm diese Form des Handels erst nach 1990 an; Cottbus strebte nun den Status einer Messestadt von regionalem Rang an. Im Zusammenhang mit der Bundesgartenschau 1995 entstanden zwei Ausstellungshallen, die als Messehallen weitergenutzt werden.

Handels- und Gewerbeausstellung, 1925. Unter den Ausstellern die bis heute bestehende Firma Kunella

Märkte und Handel

Um 1900 entstanden als neue Handelsformen Warenhäuser, die ein ganzes Sortiment u.a. an Bekleidung, Haushaltswaren und später Elektrowaren führten. Mehrere große dieser neuartigen Kaufhäuser haben noch heute einen wohlklingenden Namen – Brummer&Schießer, Waldschmidt oder Schocken – sonst aber mussten sie neuen Einrichtungen Platz machen. Doch die Handelsform selbst hatte Bestand.

1968 eröffnete als erstes Element des neuen Zentrums ein Bau unter dem Namen „konsument"; daraus wurde unterdessen „Galeria Kaufhof".

Kaufhaus Waldschmidt in der Sprem, um 1900

850 Jahre Cottbus

Vergnügungsmarkt auf dem Schillerplatz, um 1935.
Der Platz hinter dem Theater ist erst 1956 aus Anlaß der 800-Jahr-Feier von Cottbus im Nationalen Aufbau-Werk zur Parkanlage mit Wasserspielen gestaltet worden

Märkte und Handel

Die ursprünglichen Jahrmärkte widmeten sich zunehmend dem Vergnügungsgeschäft. Gaukler und Spielleute gehörten schon immer zu den Jahrmärkten. Erste Nachrichten von einem „Rummelplatz" haben wir aus dem Jahre 1857, bald bestimmten Karussells, Schießstände, Schaubuden und Attraktionen das Bild der Cottbuser Jahrmärkte.

Kaufhalle im Stadtteil Sandow, um 1972

Wo ab 1970 das Hotel „Lausitz" stand, das als erster Cottbuser Plattenbau „zerschreddert" wurde, eröffnete im Mai 1995 der „Lausitzer Hof" mit seiner glasüberspannten Einkaufspassage (Bild rechte Seite), zwei Hotels und dem Technischen Rathaus. Unterkellert ist das Areal mit zwei Garagen-Geschossen

Märkte und Handel

Eine typische Handelsform in der DDR-Zeit war die Kaufhalle. In Cottbus wurde die erste Kaufhalle 1960 in der Südstadt eröffnet. Insgesamt war die Versorgung der Bevölkerung in der Mangelwirtschaft mit verschiedenartigsten Problemen behaftet; dennoch war die Grundversorgung immer gesichert und wegen hoher Subventionen für jedermann erschwinglich.

Nach 1990 entstanden wieder neue Handelsformen. Vor allem im Norden und Süden der Stadt schossen große Einkaufszentren empor, aber auch im Stadtzentrum wurden mehrere Areale mit Einkaufspassagen gebaut.

Bimmelguste und Riesengebirgslinie

*Autobahn A 15 zwischen Forst an der
polnischen Grenze und dem Spreewald-Dreieck*

KAPITEL IX

Aus der Cottbuser Verkehrsgeschichte

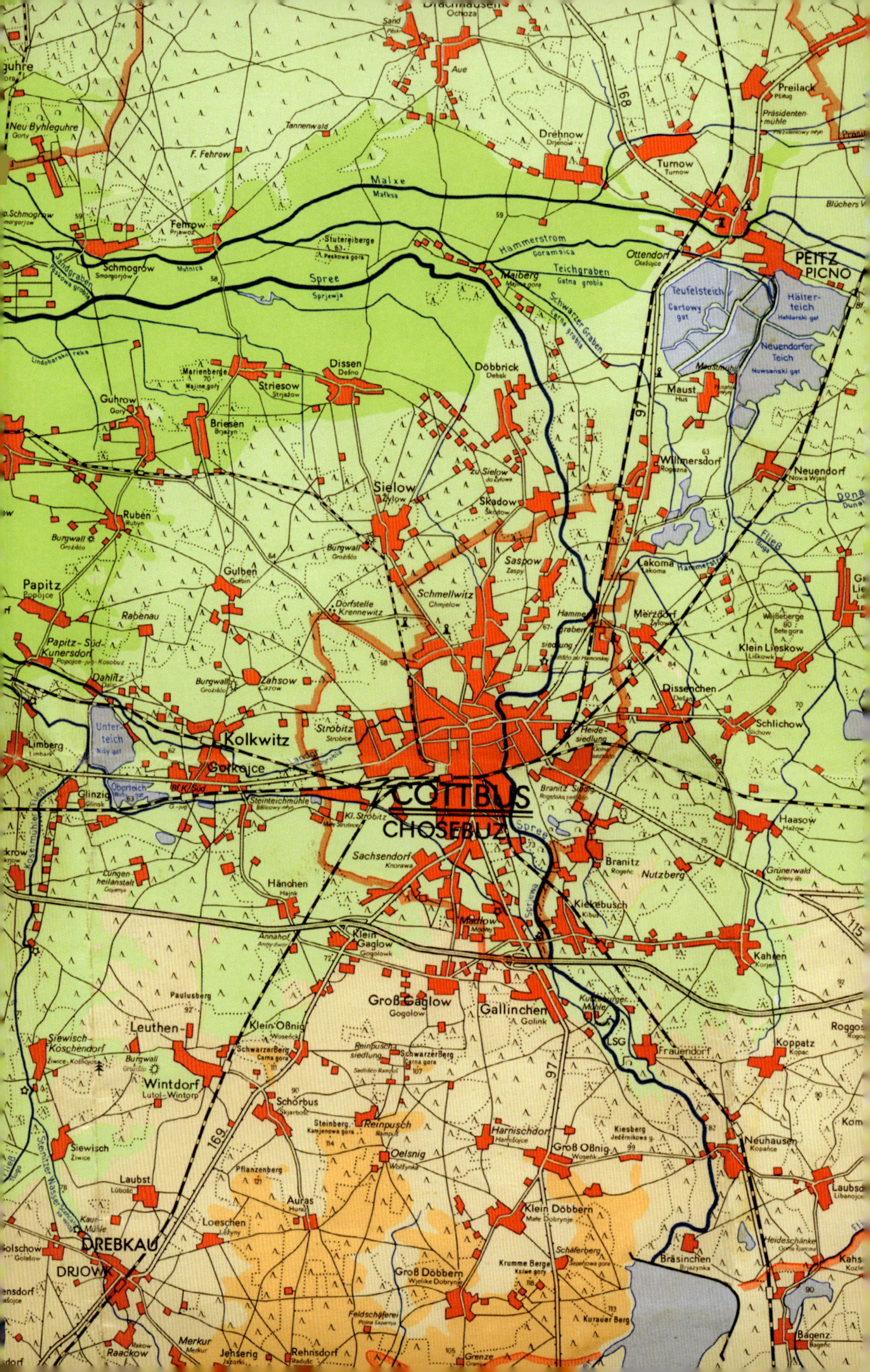

COTTBUS
CHOSEBUZ
PEITZ
PICNO
DREBKAU
DRJOW
Neu Byhleguhre
Schmogrow
Smogorjow
Fehrow
F. Fehrow
Tannenwald
Aue
Drehnow
Turnow
Preilack
Präsidentenmühle
Blüchers
Malxe
Hammerstrom
Teichgraben
Spree
Sprjewja
Stutereiberge
Maiberg
Schwarzer Graben
Ottendorf
Teufelsteich
Hälterteich
Neuendorfer Teich
Maust
Dissen
Dešno
Marienberge
Striesow
Dobbrick
Guhrow
Briesen
Sielow
Skadow
Willmersdorf
Neuendorf
Ruben
Burgwall
Gulben
Saspow
Schmellwitz
Lakoma
Papitz
Rabenau
Dorfstelle Krennewitz
Merzdorf
Papitz-Süd-Kunersdorf
Dahlitz
Zahsow
Klein Lieskow
Dissenchen
Schlichow
Unterteich
Limberg
Kolkwitz
Golkojce
Strobitz
Heidesiedlung
Oberteich
Glinzig
Steinteichmühle
Kl. Strobitz
Branitz Siedlung
Haasow
Sachsendorf
Branitz
Nutzberg
Grünerwald
Lungenheilanstalt
Hänchen
Kiekebusch
Madlow
Klein Gaglow
Annahof
Kahren
Paulusberg
Groß Gaglow
Gallinchen
Leuthen
Klein Oßnig
Siewisch-Koschendorf
Schwarzer Berg
Reinpuschsiedlung
Frauendorf
Koppatz
Wintdorf
Schorbus
Steinberg
Reinpusch
Harnischdorf
Kiesberg
Neuhausen
Siewisch
Oelsnig
Groß Oßnig
Laubst
Pflanzenberg
Laubsd
Auras
Klein Döbbern
Kaurmühle
Loeschen
Schäferberg
Heideschänke
Krumme Berge
Kahs
Bräsinchen
Groß Döbbern
Feldschäferei
Kurauer Berg
Merkur
Jehserig
Rehnsdorf
Grenze
Raackow
Bagenz
LSG

Bimmelguste und Riesengebirgslinie

Eine Bedingung der Industriellen Revolution war die Lösung des Transportproblems. Für alle Bereiche der Volkswirtschaft war ein ausgedehnter Warenverkehr mit Rohstoffen und Produkten nötig, etwas später nahm auch der Personenverkehr an Bedeutung zu.

Das Verkehrsmittel der Zukunft wurde mit der Eisenbahn gefunden. Da Cottbus zunächst keinen Anschluss erhielt, gründeten Cottbuser Kaufleute eine Gesellschaft, die seit 1846 mit einer 31,5 Kilometer langen Pferdebahn Waren zum Binnenhafen Goyatz transportierte. Zwischen 1866 und 1876 wurde Cottbus dann aber zu einem bedeutenden Eisenbahnknotenpunkt. Der mehrfach versuchte Anschluss von Cottbus an das deutsche Wasserstraßennetz gelang letztlich nicht; der Kanal Oder-Elbe-Saale blieb Planung.

Der Luftverkehr, in den 1920/30er Jahren mit viel Hoffnung und Symbolik verbunden, erwies sich im gesamtdeutschen Gefüge als unrentabel.

Schon in der ersten Hälfte des 19. Jh. war mit dem Chausseebau begonnen worden, aber erst im 20. Jh. wurde der Straßenverkehr immer wichtiger. Befestigte Straßen führten nicht nur ins Umland und weit darüber hinaus, auch in der Stadt selbst wurden die Straßen gepflastert. Ende der 1930er Jahre wurde die Autobahn Berlin – Breslau über Cottbus geführt. Ihr vierspuriger Ausbau erfolgte aber erst ab 1993.

Linke Seite: *Cottbus zwischen Berlin und Dresden in ostdeutscher Randlage. Schulkarte aus den 1960-er Jahren, als die Bimmelguste noch fuhr*

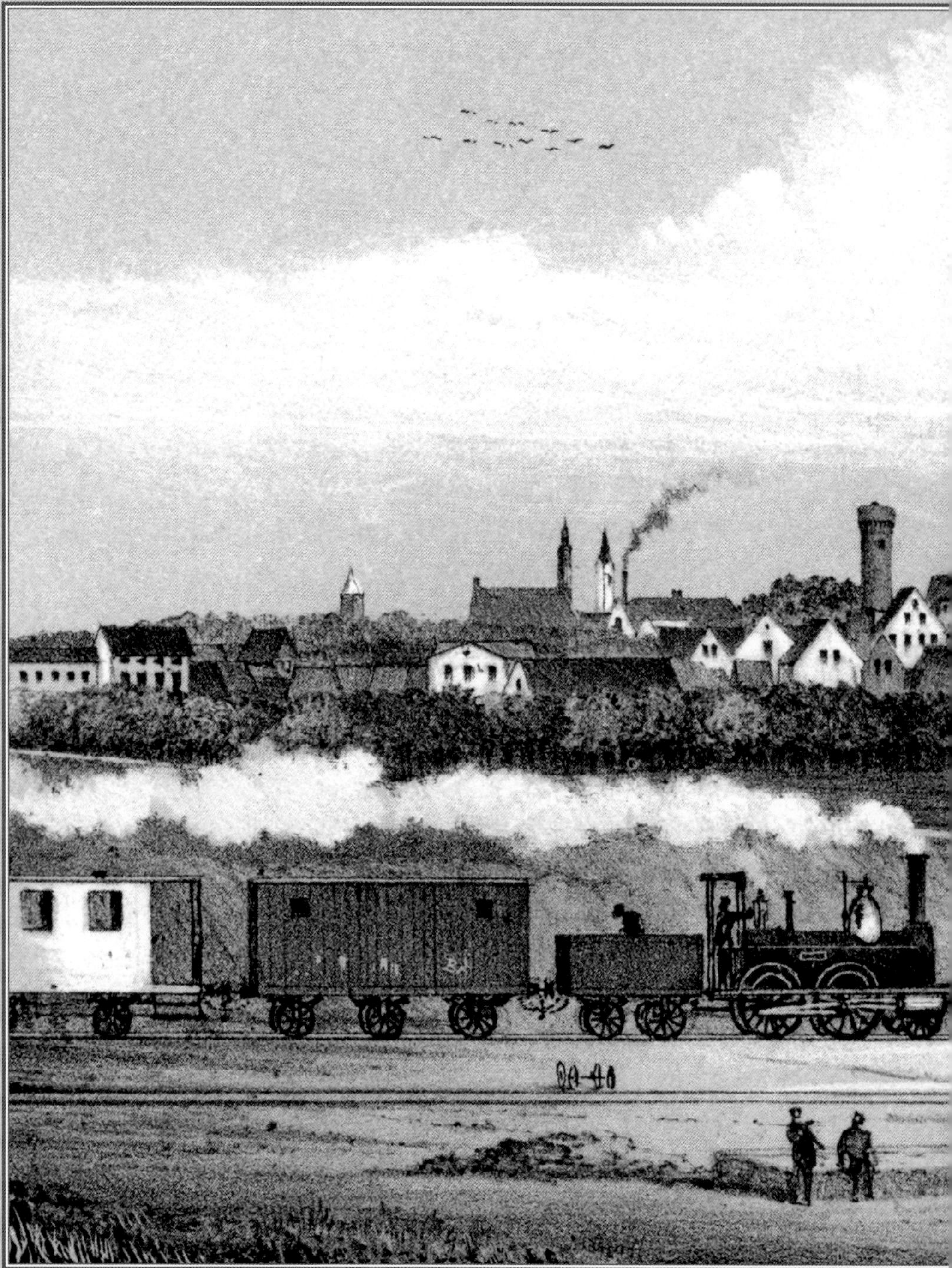

*Das erste Bild einer Eisenbahn in Cottbus,
Lithographie um 1875*

Der Güterzug vor der Stadtsilhouette (Vorseiten) symbolisiert die Bedeutung der Eisenbahn für die Entwicklung von Cottbus. In rascher Folge wurden Bahnlinien in alle Himmelsrichtungen gebaut: 1866 Berlin-Cottbus, 1867 nach Görlitz, 1870 Cottbus-Großenhain (mit Anschluss nach Dresden), 1872 Sorau-Cottbus-Halle (Anschluss Leipzig), 1872 Cottbus-Guben und 1876 Cottbus-Frankfurt/O.

Das von der zunächst privaten Berliner Bahngesellschaft errichtete Bahnhofs-Empfangsgebäude gehörte nach der Verstaatlichung der Eisenbahnen 1881 zum Cottbuser Hauptbahnhof. Wichtiger Bestandteil des Cottbuser Bahnhofs waren die 1874 gegründeten Eisenbahnwerkstätten mit dem heute noch bestehenden Reichsbahn-Ausbesserungswerk. Im Februar 1945 war der Cottbuser Bahnhof Ziel eines amerikanischen Luftangriffs. Neben schweren Schäden an Gleisen und technischen Anlagen wurde bei Kriegsende auch das Empfangsgebäude vernichtet. Über Jahrzehnte gab es nur einen Notbau, erst 1978 konnte ein neues Empfangsgebäude errichtet werden.

Historische Ansichten: Der Cottbuser Bahnhof um 1910.
Kleines Foto: Bahnhofsbetrieb 2005

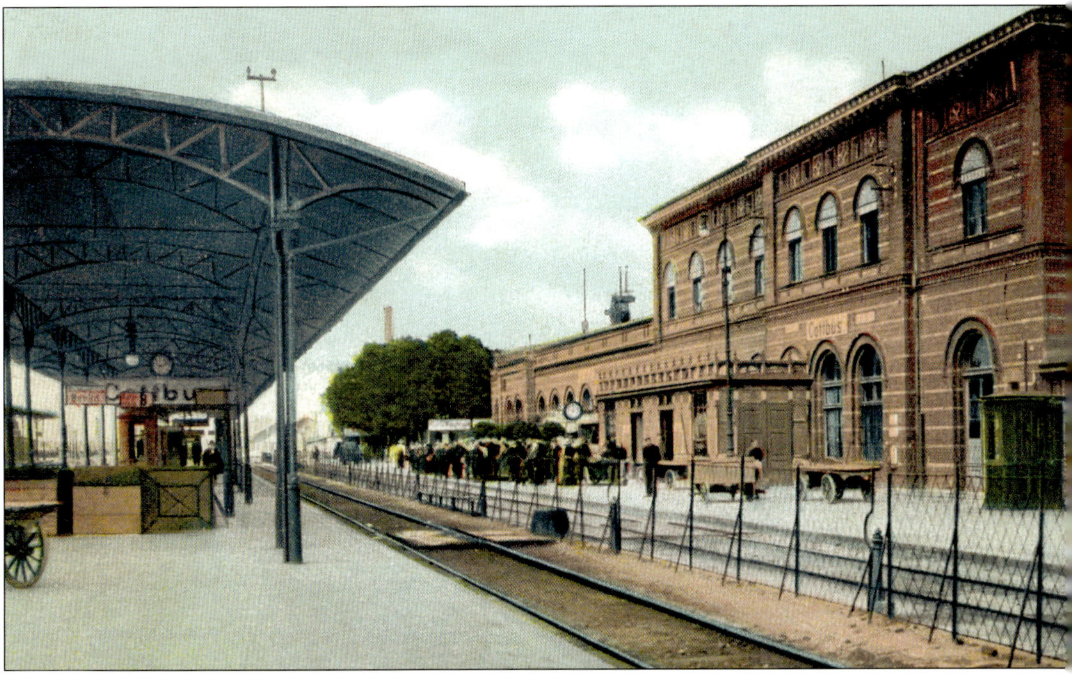
Cottbus

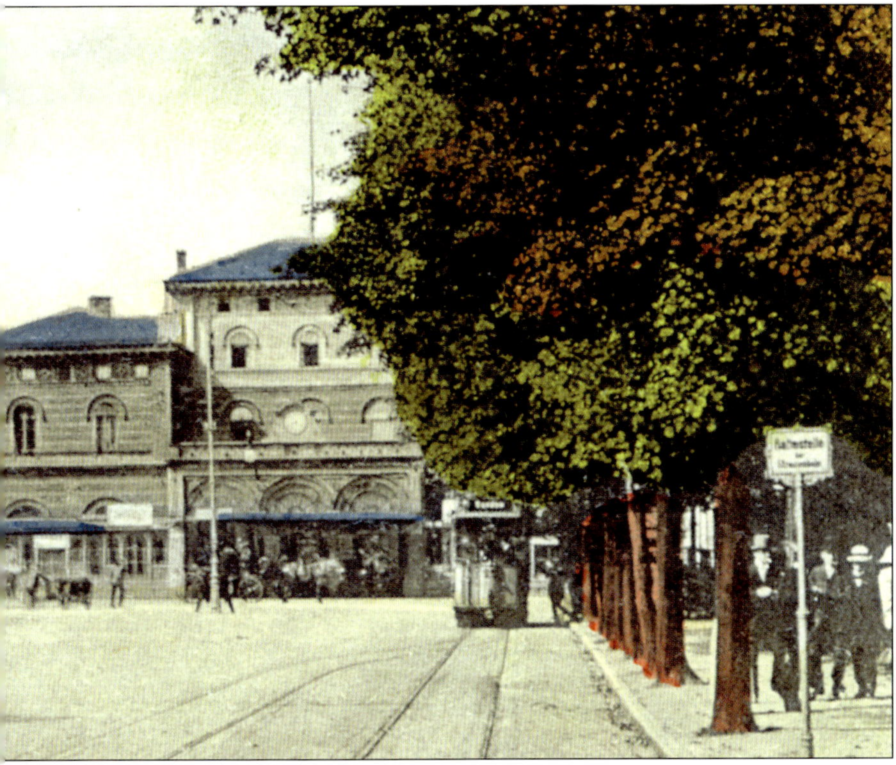

Spreewaldbahnhof 2005 (oben) und um 1910 (l.)

142

Verkehrsgeschichte

1897/99 wurde die Lübben-Cottbuser-Kreisbahn gebaut, später führte sie den Namen Spreewaldbahn. Die Schmalspurbahn mit 1000 mm Spurweite diente der touristischen und wirtschaftlichen Erschließung des Spreewaldes. Sie führte von Cottbus über Burg/Spreewald nach Straupitz, von dort gingen drei Gleisarme nach Lübben, Goyatz und Lieberose. Endstation in Cottbus war in der früheren Lausitzer-, heute Wilhelm-Külz-Straße, direkt neben der Autostraße. Hier gab es einen Übergang zum Staatsbahnhof, aber auch die Möglichkeit, normalspurige Güterwagen auf Rollböcke zu laden. So wurden vor allem Kesselwagen mit Treibstoff zum Militärflugplatz transportiert.

Im Januar 1970 fuhr die Bimmelguste, so der Volksmund, zum letzten Mal, danach wurden die Anlagen demontiert.

Der Versuch einer wenigstens teilweisen Wiederbelebung der Bahn durch einen Verein in den 1990-er Jahren scheiterte an den Ergebnissen der Wirtschaftlichkeits-Berechnungen.

Letzter Berufsverkehrszug der Spreewaldbahn Anfang 1970 in Straupitz

Der Packhof der ehemaligen Pferdeeisenbahn, die Güter vom Hafen Goyatz brachte, steht noch in der Berliner Straße (Querbau im Hintergrund)

Bimmelguste und Riesengebirgslinie

Auf dem Cottbuser Flugplatz, um 1928

Die Cottbuser Luftfahrtgeschichte begann 1917 mit der Anlage eines Militärflugplatzes. Anfänge mit Flugversuchen eines jungen Schlossers, einem bejubelten Zeppelinbesuch und Flugvorführungen gab es schon um 1910.

Der Fliegerhorst wurde seit 1927 als Verkehrslandeplatz zivil genutzt. Die Riesengebirgslinie Berlin – Breslau legte hier eine Zwischenlandung ein, andere Linien hatten nur kurzzeitig Bestand.

Ab 1935 wurde der Flugplatz wieder militärisch genutzt, zunächst von der Luftwaffe der Nazis, dann zogen nacheinander Rote Armee und Nationale Volksarmee ein, nach 1990 die Bundeswehr.

Die veränderten Kräfteverhältnisse in Europa machten den Cottbuser Flugplatz entbehrlich, die Einheiten wurden verlegt. Das Gelände wird einer gemischten Nutzung für Gewerbeansiedlung und für die Technische Universität zugeführt. Am Rande der Rollbahn hält ein Flugplatzmuseum die Erinnerung an 100 Jahre Luftfahrtgeschichte wach.

Russische MIG 29 - zuletzt im Dienst des Jagdgeschwaders 73 der Bundeswehr in Cottbus

Verkehrsgeschichte

In den 1930-er Jahren begann der Bau von Autobahnen. Die Strecke Berlin–Breslau tangierte Cottbus (S. 134 / 135). 1937 begannen die ersten Arbeiten, der Bau blieb wegen des Krieges einspurig unvollendet. Auch in den nächsten 40 Jahren änderte sich das nicht. Erst nach 1990 kam es zu einer Grunderneuerung die Autobahn vom Dreieck Spreewald bis zur Grenze nach Polen.

Mit dem Wachsen der Stadt im 19. Jahrhundert entstanden neue Straßen, doch das Hauptnetz blieb über Jahrhunderte gleich. Erst intensiver Verkehr Mitte des 20. Jahrhunderts überlastete die Straßenkapazität der Altstadt und erforderte neue Hauptverbindungen. Wesentliche Entlastung brachte 1973 die Südost–Tangente, in mehreren Abschnitten als Stadtring weitergeführt. Mit der vierspurigen Fahrbahn mussten auch drei Eisenbahnbrücken und zwei Spreebrücken errichtet werden.

Der Stadtring 2004

KAPITEL X

Verwaltungszentrum Cottbus

Stadtverwaltung und kommunale Einrichtungen

Im Südeck ist nicht mehr zu ahnen, dass dieses Gebiet über Jahrzehnte Panzerkaserne war. Gebäude des Bestands sind saniert, neue gebaut worden

147

Vom Staat in der Stadt

Als Sitz der Herren von Cottbus war die Stadt seit je her auch Zentrum der Verwaltung einer großen Herrschaft. Seit dem 15. Jahrhundert übten die Amtshauptleute, später waren es die Landräte, die kurfürstliche bzw. königliche Gewalt aus.
Mit den preußischen Reformen in der 1. Hälfte des 19. Jahrhunderts war auch eine Neuordnung der Verwaltung verbunden. Ab 1816 war Cottbus eine unter den sieben gleichrangigen Kreisstädten in der Niederlausitz, nach 1900 aber entfaltete sich die Stadt Cottbus zum Verwaltungszentrum der Niederlausitz. Zahlreiche Reichs-, Landes- und Kreisbehörden, dazu spezielle Verwaltungen im regionalen und örtlichen Rahmen, waren hier angesiedelt. An staatlichen Behörden gab es u.a das Landgericht, die Staatsanwaltschaft und das Amtsgericht, mehrere Militärbehörden, verschiedene Eisenbahn- und Postverwaltungen, die Bauverwaltung (auch für den Kreis Lübben), Ämter für zwei Bergreviere, das Hauptsteueramt, die Kreiskasse, das Zentralgefängnis, das Katasteramt und Standesämter. Dazu kamen spezielle Einrichtungen wie z.B. das Gewerbeaufsichtsamt, zuständig auch für die Kreise Calau, Luckau, Lübben und Spremberg, und das Kulturbauamt, verantwortlich für Meliorationsbau südlich von Berlin bis zum schlesischen Liegnitz.
Als Cottbus 1952 Bezirksstadt wurde, entstand natürlich eine der neuen Struktur angepasste Verwaltung, die auch wieder für die ganze Niederlausitz wirkte. Alle zentralen Behörden der DDR hatten ihr regionales (bezirkliches)

Pendant in Cottbus. Mit der Schaffung des Landes
Brandenburg 1990/91 wurde Cottbus Oberzentrum für
den südlichen Teil des Bundeslandes. Entsprechende
Behörden, u.a. in den Finanz-, Gerichts-, Bau-, Sozial- und
Schulverwaltungen, mussten aufgebaut werden.

*Der Krebs wird zum
Symbol auch für das Wirken
über Stadtgrenzen hinaus.
Dieser zum Beispiel als Schmuck
der Sparkasse in der
Bahnhofstraße 22*

Verwaltungszentrum Cottbus

Das preußische Justizministerium baute 1876/77 an der Stelle des alten Fürstenhauses auf dem Cottbuser Schlossberg das Landgerichtsgebäude. Seitdem wurde in diesem Haus in ununterbrochener Folge in schwergewichtigen Fällen verhandelt, zu DDR-Zeiten unter dem Namen „Bezirksgericht", nach der Wende wieder als Landgericht.
Der Schlossturm, auch Gerichtsturm genannt, ist bis heute eine Immobilie der Justiz, jetzt in Gestalt der entsprechenden brandenburgischen Landesbehörde.

Rechte Seite:
Landgericht, um 1910

Unten:
Der Gerichtsturm und unterhalb das Amtsgericht

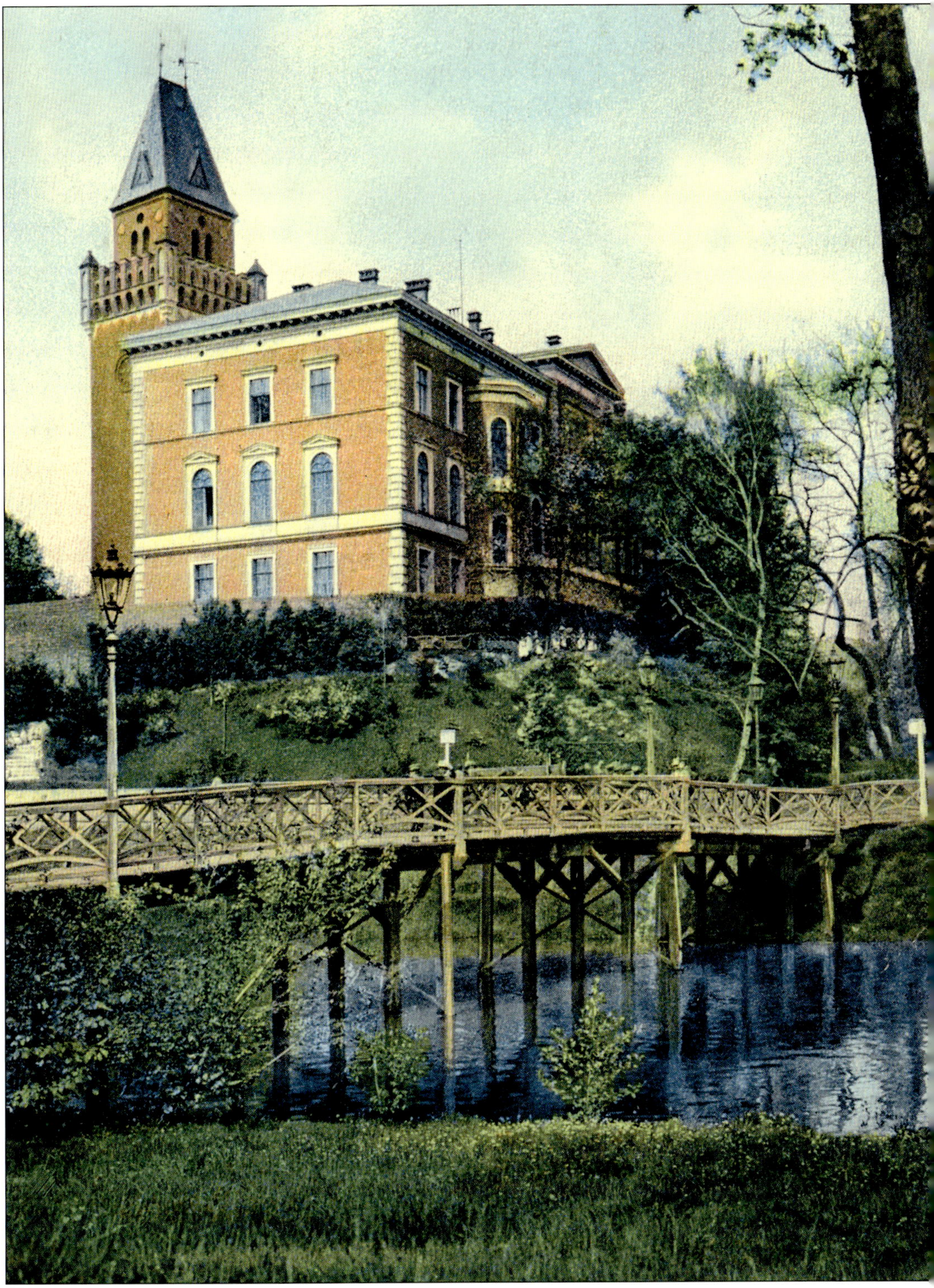

Gebäude der Reichspost, um 1925

Verwaltungszentrum Cottbus

Seit dem Ende des 17. Jahrhunderts gab es in Cottbus eine Poststation, zunächst in der „Spremberger Gasse", heute Spremberger Straße, gegenüber der Schloßkirche. 1888/91 entstand am zentralen Berliner Platz das imposante Gebäude für die Reichspost. In den letzten Tagen des 2. Weltkrieges wurde es größtenteils zerstört. Aus der Ruine und unter Einbeziehung der Reste eines gleichfalls zerstörten Hotels entstand bis 1956 ein neues Hauptpostamt.

Umsteigen an der neuen Hauptpost, um 1958

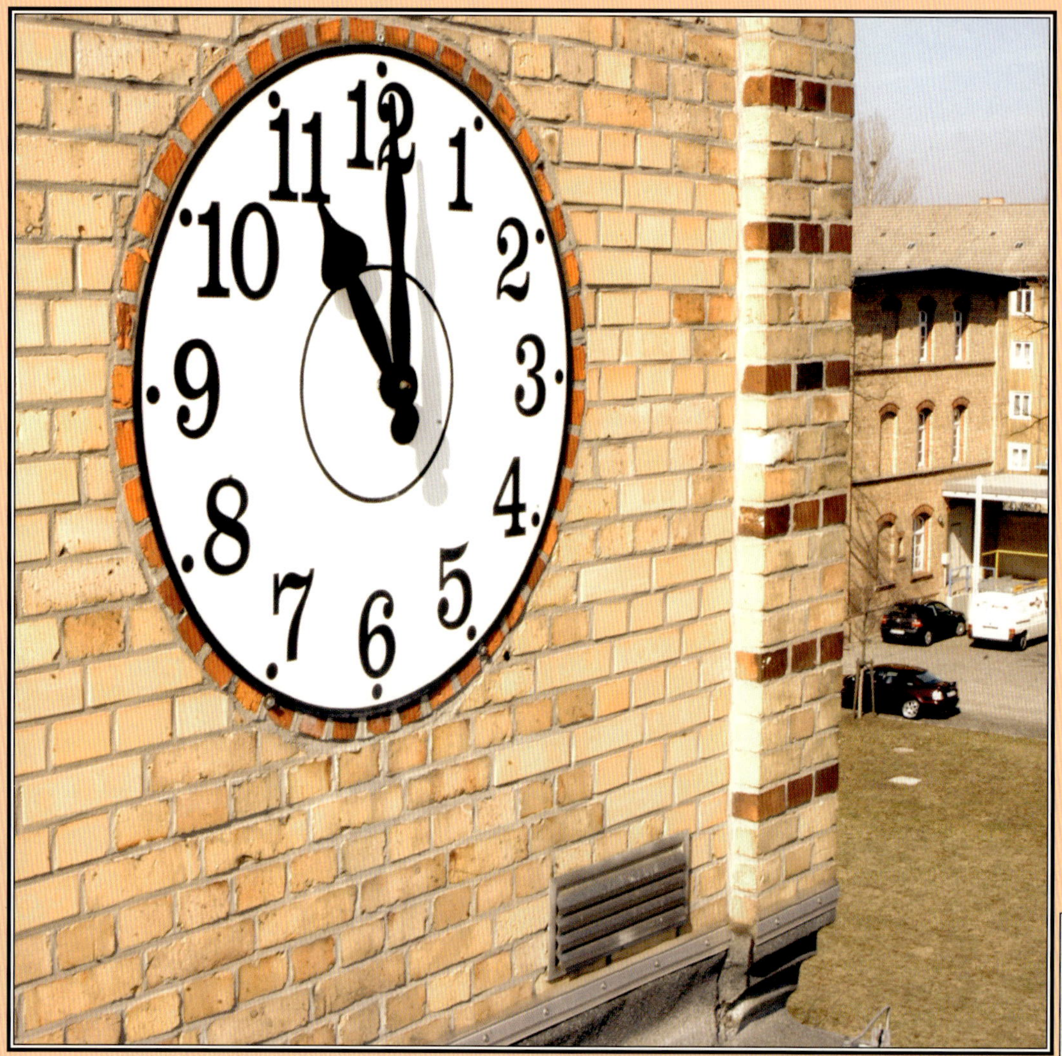

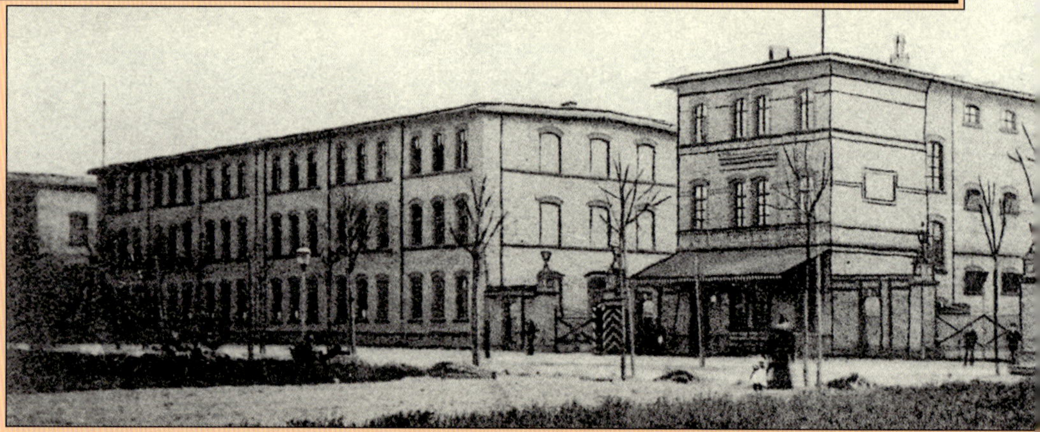

Links: Uhrturm der ehemaligen Kaserne. Jetzt zeigt er Mitarbeitern des Theaters und anderer Unternehmen die Zeit

Als Garnisonsstandort erlangte Cottbus ab 1868 Bedeutung. Die Kasernen westlich der Altstadt errichtete die Stadt 1885 auf eigene Kosten, konnte sie doch so schneller die nötige Einwohnerzahl für die angestrebte Kreisfreiheit erlangen.

Mit den Kriegsvorbereitungen der Nazis wurden vier weitere Militärkomplexe, z. T. damals noch am Stadtrand und jetzt eingemeindet, erbaut. Diese Kasernen wurden nach 1945 entweder von der Roten Armee der Sowjetunion oder der Nationalen Volksarmee der DDR weiter genutzt, vor allem für Panzer- und Lufteinheiten.

Im Zuge der Militärkonversion in den 1990-er Jahren wurden alle Standorte verschiedenen zivilen Nutzungen zugeführt.

Kaserne des Infanterie-Regiments Nr. 52, um 1910

Der zunächst in Guben ansässige Brandenburgische Knappschaftsverein, eine Sozialversicherung für Bergleute, verlegte 1911 seinen Sitz nach Cottbus. Nördlich des Stadttheaters wurde dafür ein wohlproportionierter Neubau geschaffen.
Von 1945 bis 1959 residierte hier der russische Stadtkommandant, danach richtete die Stadt hier ihr Ersatz-Rathaus ein, denn das eigentliche Rathaus

*Brandenburgischer
Knappschafts-Verein,
um 1930*

hatte die Bezirksverwaltung belegt. Nach der Wende bezog zunächst das Stadtmuseum dieses Haus, das damit aus dem Schloß Branitz wieder zurück in die Mitte der Stadt fand.
Die Bundesknappschaft bekam später ihr Eigentum zurückübertragen und ergänzte das Haus um einen modernen Anbau.

Für die Verwaltung des Landkreises Cottbus wurde in der Bahnhofstraße ein markanter Gebäudekomplex errichtet: 1890/92 das Landratsamt und 1908 das Eckhaus für die Kreissparkasse.

In der DDR-Zeit hatte in beiden Häusern die SED-Bezirksleitung ihren Sitz. Nach der Wende war an diesem Ort für einige Jahre das Arbeitsamt untergebracht. 2001 begann der Umbau zu einem multifunktionalen Verwaltungsgebäude.

Oben:
Das ehemalige Landratsamt und die frühere Kreissparkasse im Jahre 2005

Rechte Seite:
Landratsamt um 1900

Reichsbank am Kaiser-Wilhelm-Platz (Brandenburger Platz) um 1900. Heute ist hier ein Spielcasino

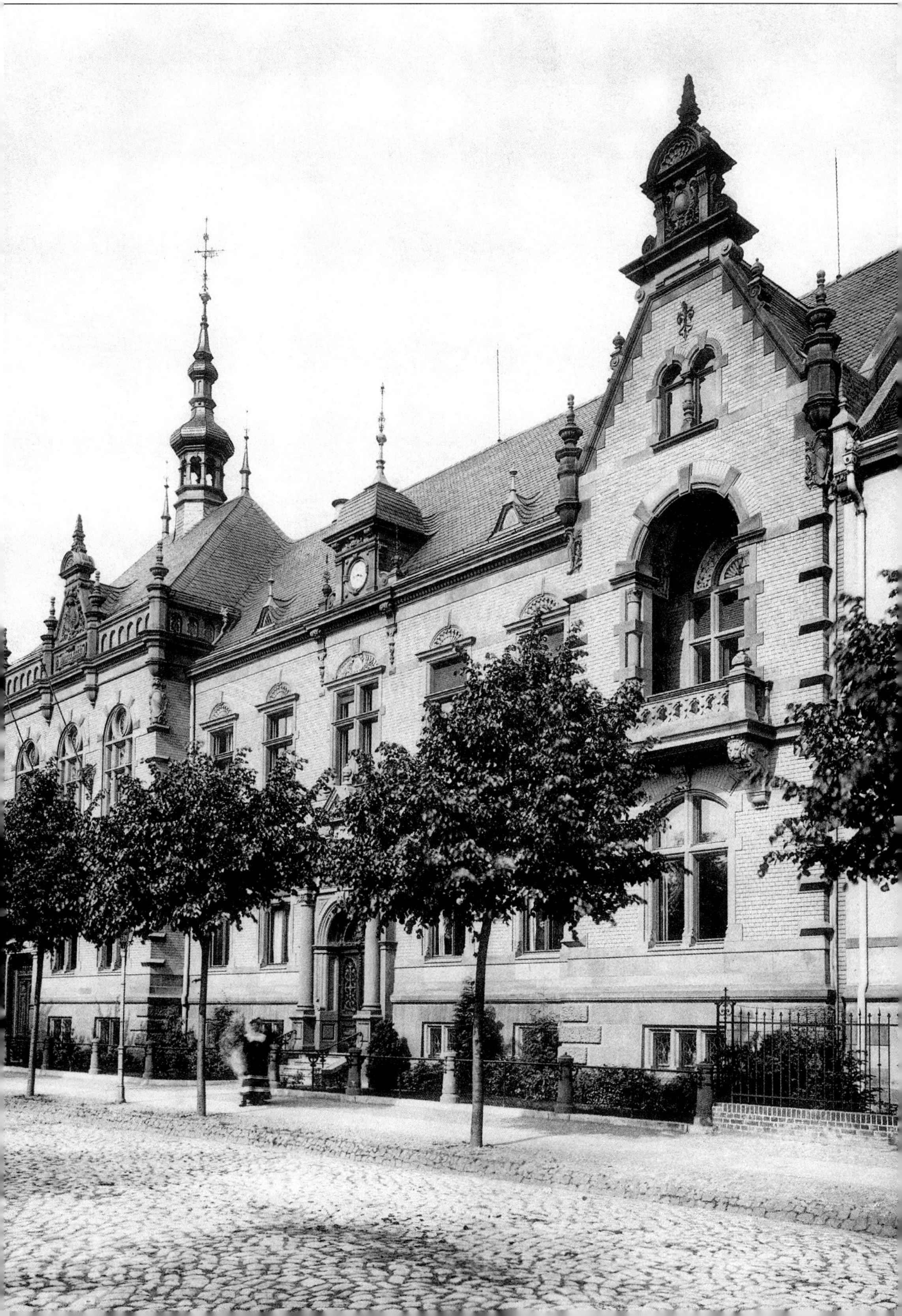

Das Cottbuser Südeck, ein nach 1935 erbauter Kasernenkomplex, wurde seit Mitte der 1990er Jahre zu einem Landesbehörden- und Gerichtszentrum umgebaut.

Hier wurden u.a. ansässig: Das Kataster- und Vermessungsamt, das Staatliche Rechnungsprüfungsamt, das Finanzamt, das Liegenschafts- und Bauamt, das Brandenburgische Straßenbauamt, das Landesbergamt, das Eichamt, das Landesamt für Geowissenschaften sowie das Arbeits-, Sozial- und Amtsgericht und das Finanzgericht des Landes Brandenburg.

Behördenzentrum Südeck, 1998

Verwaltungszentrum Cottbus

Hauptsitz der Sparkasse Spree-Neiße, um 1995

Die Sparkasse der Stadt Cottbus wurde 1828 gegründet. In der Stadt hatte seit 1867 auch die Sparkasse des Landkreises Cottbus ihren Sitz. 1950 wurden beide Geldinstitute zusammengefasst.
Mit der Neugliederung der Kreise im Land Brandenburg fusionierte 1995 die Cottbuser Sparkasse mit denen der Kreise Forst, Guben und Spremberg. Schon 1994 hatte die Stadt- und Kreissparkasse Cottbus ihren neuen Hauptsitz am Rande der Altstadt erbaut, der jetzt zur Zentrale des Sparkasse Spree-Neiße wurde.

1851 wurde in Cottbus eine Handelskammer gegründet. Mit der Entwicklung der Stadt Cottbus zum regionalen Verwaltungszentrum wurde der Kammerbezirk immer größer. Zunächst nur zuständig für Stadt und Kreis Cottbus, kamen 1887 die Kreise Calau und Spremberg hinzu. Unter Einbeziehung der Kreise Luckau und Lübben entstand 1898 die „Handelskammer für die westliche Niederlausitz". 1924 zur Industrie- und Handelskammer für die ganze Niederlausitz (7 Kreise und 3 kreisfreie Städte) umgebildet, hatte die Interessenvertretung für die Handel- und Gewerbetreibenden ihren Sitz in Cottbus. Bis 1989 als Handels- und Gewerbekammer, Bezirksdirektion Cottbus, tätig, übernahm sie nach der Wende wieder als Industrie- und Handelskammer ihre Arbeit.

Industrie- und Handelskammer, 2004

Industrie- und Handelskammer in der Straße Am Schloß, später Goethestraße, um 1936. In dieser Zeit wurde symbolträchtig am Platz gegenüber der Tuchmacherbrunnen aufgestellt, dessen Umschrift lautet: „Ein ehrsam' Handwerk wird geehrt, das gute Tuche webt und schert."

Kapitel XI
Gartenstadt Cottbus

Der Spreeauenpark mit seinen Staudengärten. Im Hintergrund die Messehallen

Stadtgrün, Volkspark und Gartensiedlung

Mit dem Bepflanzen der kahlen Schutzwälle entlang den Stadtmauern im 17. Jahrhundert entstand erstes geordnetes Stadtgrün. Waren es zunächst Eichen und Nussbäume, kamen im 18. Jahrhundert Maulbeerbäume für die Seidenraupenzucht hinzu.
1872 gründete sich ein Verschönerungsverein, der darauf hinwirkte, dass rings um die Altstadt gestaltete Grünanlagen entstanden, Straßen und Plätze mit Bäumen und Ziersträuchern gefasst und ein erster Kinderspielplatz angelegt wurde.
Mit dem Oberbürgermeister Paul Werner begann um 1900 die planmäßige Anlage von Stadtgrün. Bald gab es mehrere Parkanlagen, die Spreeufer wurden mit Spazierwegen und Brücken erschlossen. Besonderer Wert wurde auch auf eine straßenbegleitende Bepflanzung gelegt.
In verschiedenen Stadtteilen entstanden in der 1. Hälfte des 20. Jahrhunderts Gartensiedlungen.
Auch in den entbehrungsreichen Jahren nach 1945 wurde städtisches Grün von den Bürgern und der Stadtverwaltung mit großem Engagement gepflegt. 1954 und 1955 fanden unter dem Titel „Grünen und Blühen an der Spree" große Gartenbauausstellungen statt, die von 1975 bis 1987 im zweijährigen Abstand wieder auflebten.
Seit den 1970-er Jahren mussten viele Straßenbäume in der Stadt dem zunehmenden Verkehr weichen. In den Neubaugebieten mit ihren großzügigen Freiräumen aber entstanden artenreiche Grünflächen.
Als 1991 die Möglichkeit zur Ausrichtung einer

Gartenstadt Cottbus

Bundesgartenschau bestand, nutzte die Stadt ihre Chance, mit dieser Ausstellung und ihrer Ausstrahlung einen infrastrukturellen, wirtschaftlichen, ökologischen und touristischen Entwicklungsschub einzuleiten.

Mit der Bundesgartenschau erhielt die Cottbuser Jugend schöne Spiel- und Sportanlagen

Kaiser-Wilhelm-Platz um 1940 mit dem Enke-Brunnen

Die ehemaligen Wallanlagen vor den Toren der Stadt wurden in mehreren Abschnitten in einen Grüngürtel verwandelt, der noch heute die ganze Altstadt umgibt.
Glanzpunkte der gärtnerischen Schmuckanlagen bildeten der Kaiser-Wilhelm-Platz, erstmals 1903/04 gestaltet (heute Brandenburger Platz), die heutige Puschkinpromenade, im wesentlichen 1886 und 1956 geschaffen, und die Stadtpromenade, ab 1969 mit den Bauten für ein neues Stadtzentrum angelegt.

Kaiser-Wilhelm-Platz, um 1905

Zwischen Spree und Mühlgraben wurde 1898 von der Stadt ein erster Park angelegt. Ausgehend von diesem Kern entstand in den Folgejahren entlang der Spree eine grüne Achse mit Promenaden, Uferbepflanzungen und weiteren neu angelegten Parkanlagen.
Im Süden gelangte man in den Eliaspark (1902), von dort in den Branitzer Park und in den Volkspark (ab 1909), benachbart entstanden der Blechenpark (1934) und die Spree abwärts der Nordpark (1925, heute Käthe-Kollwitz-Park).

Amtsteich und Stadtpark, um 1900

Villa in der Seminarstraße, um 1925

Im Zuge der Gartenstadtbewegung in Deutschland Anfang des 20. Jahrhunderts entstanden auch an mehreren Standorten in Cottbus Vorortsiedlungen im Grünen. Ganze Straßenzüge mit Villen und entsprechenden Gärten wuchsen vor allem im Süden und Norden der Stadt empor.

Auch die Siedlungsvereine waren sehr bemüht, ihre Bauten mit Grün zu umgeben. Kleinsiedlungen mit Wirtschaftsgärten sollten vor allem die Wohnungsnot mildern, so entstanden zwischen 1913 und 1936 die Eigene Scholle, die Heide-, die Hammergraben-, die Rennbahn- und die Windmühlensiedlung. Auch die Schrebergarten-Bewegung fand in Cottbus zahlreiche Anhänger.

Stadtgrün, Volkspark und Gartensiedlung

Der Blechenpark, schlicht angelegt 1934 am östlichen Ufer der Spree mit einfachem Wegesystem, wurde in den 1950er Jahren umgestaltet. Gehölze und Stauden wurden gepflanzt, Natursteinwege verbanden eine Kaffeeterrasse, Volieren, Brunnen, einen Pavillon, eine Pergola und eine kleine Freilichtbühne. Für den Namensgeber, den Maler Carl Blechen, wurde eine Bronzestatue aufgestellt.
Erweiterungen der Freilichtbühne und verschiedene Anbauten in riesigen Dimensionen haben den Park in den 1960er und 80er Jahren stark beeinträchtigt. Mit den Vorbereitungen zur BuGa 1995 wurde der Park unter gartendenkmalpflegerischen Aspekten rekonstruiert.

Im Blechenpark, um 1960 und Winter 2004. Hier fand auch die Blechen-Plastik des Künstlers Jürgen von Woyski ihren Standort

Moderne Ruinen erinnern an bauliche Gestaltungsversuche in den 1980er Jahren

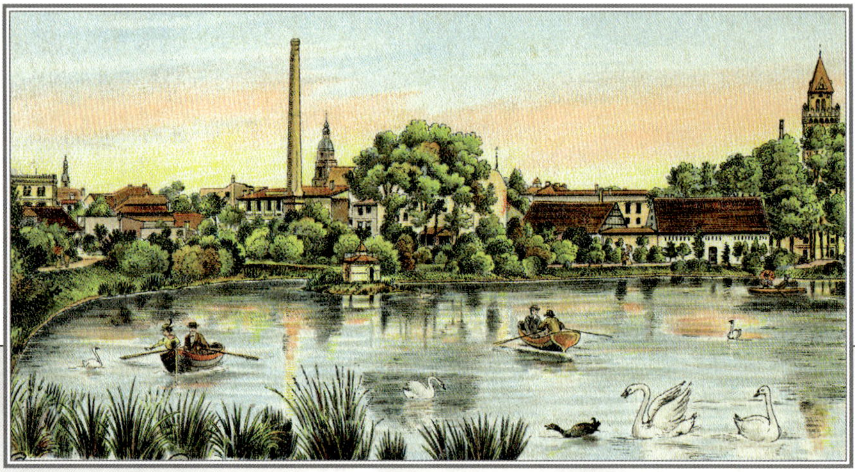

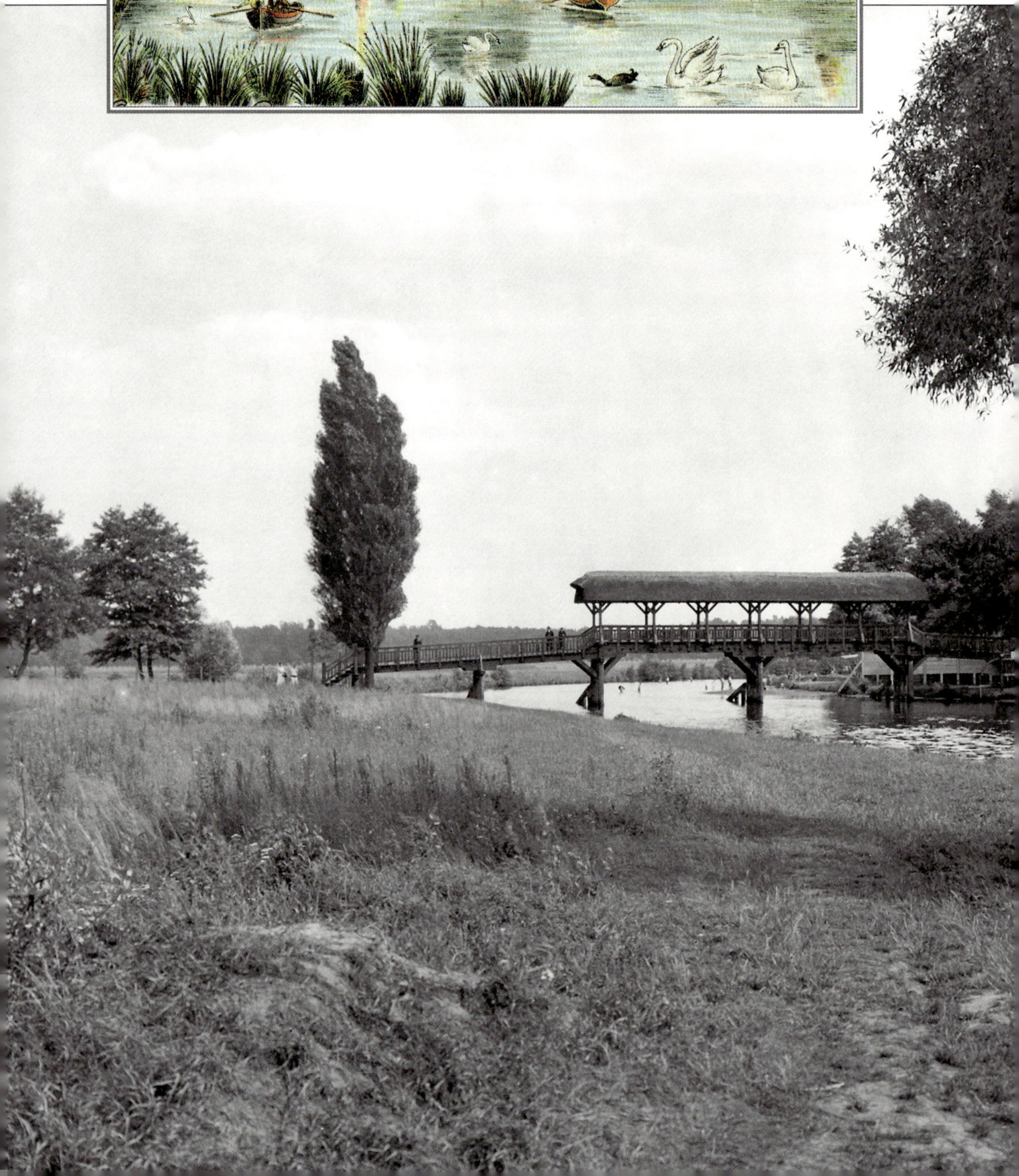

Gartenstadt Cottbus

Linke Seite oben:
Coloriertes Grußmotiv aus dem Cottbuser Stadtpark um 1900
Großes Bild:
Wernersteg, um 1930

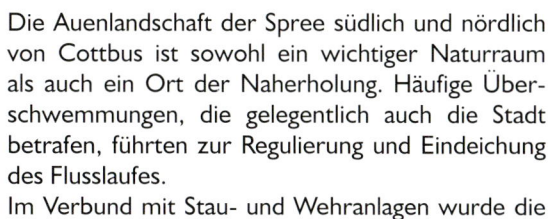

Die Auenlandschaft der Spree südlich und nördlich von Cottbus ist sowohl ein wichtiger Naturraum als auch ein Ort der Naherholung. Häufige Überschwemmungen, die gelegentlich auch die Stadt betrafen, führten zur Regulierung und Eindeichung des Flusslaufes.

Im Verbund mit Stau- und Wehranlagen wurde die Spree zwar hochwassersicher, doch gleichzeitig wurde ein wertvolles ökologisches System stark beeinträchtigt. Deshalb begannen die Vorbereitungen zur Renaturierung, zur Wiederherstellung einer naturnahen Auenlandschaft von Cottbus bis zum Spreewald. Die umfangreichen Arbeiten werden von dem in Cottbus ansässigen Energieunternehmen Vattenfall getragen.

Der Wernersteg war 1912 entstanden, um den Bewohnern der südlichen Stadtteile das Branitzer Vorland zu erschließen. Die 50 Meter lange malerische Brücke ist im Krieg zerstört worden

Blick über den Mühlengraben Richtung Gerichtsturm und Dieselkraftwerk vor dem Umbau zum Kunstmuseum

Gartenstadt Cottbus

Nach außergewöhnlich schneller und kurzer Vorbereitung - 1991 fassten die Stadtverordneten den Beschluss, 1993 kam der Vertrag mit dem Zentralverband Gartenbau zur Durchführung zustande - fand die Bundesgartenschau 1995 als erste in den neuen Bundesländern in Cottbus statt.
Die Leistungsschau des deutschen Gartenbaus auf einem 55 Hektar großen Gelände, gelegen im Südosten der Stadt zwischen dem Wohngebiet Sandow, der Spree und dem Branitzer Park, erreichte nicht nur 2,3 Millionen Besucher, sie trug auch zum Imagegewinn von Cottbus und zu einem bedeutenden Aufschwung der ganzen Region bei.

Erst stürmen Ende April die Cottbuser die BuGa, dann sind es am Ende des sommerlangen Festes 2,3 Millionen Besucher aus ganz Deutschland

Im Frühjahr 1993 unterzeichneten Gartenbaupräsident Karl Zwermann (l.) und Oberbürgermeister Waldemar Kleinschmidt den BuGa-Vertrag, dann ging es sogleich an den Abriß der Pionierpark-Ferienhäuschen (unten), denen Vandalismus ohnehin schon zugesetzt hatte. So wurde Platz frei...

...und alsbald konnte der Maler und Grafiker Meinhard Bärmich seinen Otti präsentieren, der Kinderherzen zu tausenden eroberte

Fortan gab sich, wie bei garantiertem Erfolg stets üblich, die Prominenz ohne Unterlass Blumen und Klinken in die Hand. Hier sind es Außenminister Hans-Dietrich Genscher und sein Parteikollege Jürgen Türk (2.v.l.), der einer der BuGa-Initiatoren war. Aber auch der Bundespräsident, der Bundeskanzler und alle wichtigen Fraktionäre besuchten die BuGa-Stadt

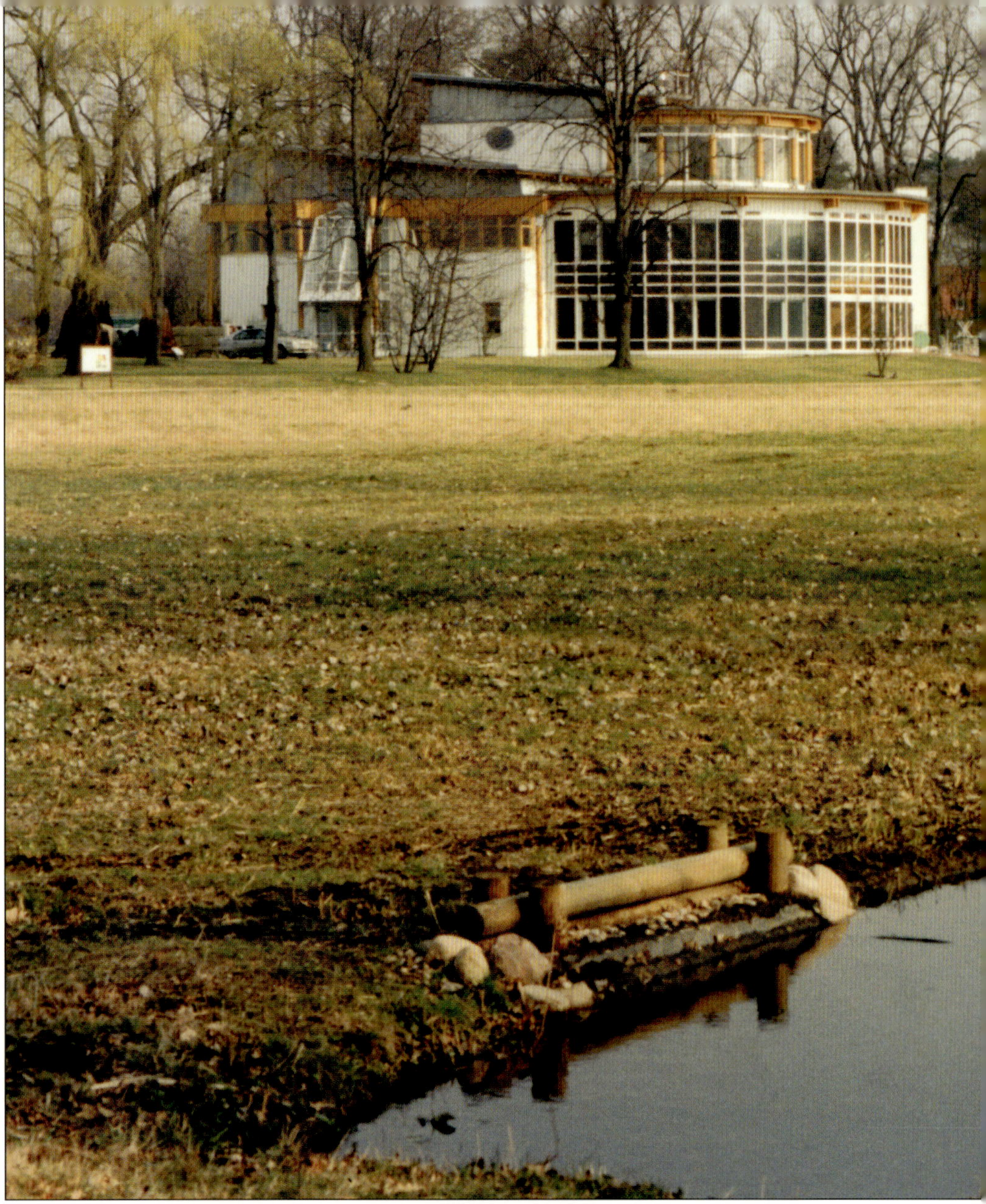

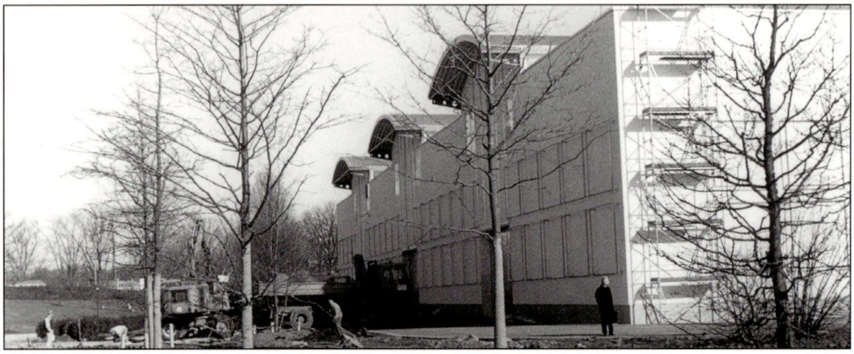

Umweltzentrum und restauriertes Bauernhaus (oben, 1997),
Links:
Messehallen vor Eröffnung (März 1995)

Zur Durchführung der BuGa 1995 waren nicht nur Wege anzulegen und Pflanzungen vorzunehmen, es entstanden auch eine ganze Reihe von Bauten, die nach Ende der Blumenschau für die Stadt, ihre Bürger und Gäste von Bedeutung blieben. Neben einem Umweltzentrum, erbaut nach ökologischen Gesichtspunkten und als Tagungs- und Schulungsstätte weiter genutzt, sind es vor allem die zwei Ausstellungshallen, die den Messestandort Cottbus stärken.

Kapitel XII

Schulwesen in Cottbus

*Das 1952 errichtete Gebäude der früheren Hochschule für Bauwesen
(rechts im Hintergrund) und der 2000 fertiggestellte Neubau behergen
zusammen das Oberstufenzentrum I der Stadt*

Lernen, lernen...

Die ältesten Nachrichten über eine Schule in Cottbus stammen aus dem 15. Jahrhundert, 1435 wird erstmals ein Lehrer genannt.
Wie das Schulwesen organisiert war, ist bis in die Neuzeit nur lückenhaft überliefert. Häufig übernahmen Prediger, Küster und Katecheten auch das Amt eines Schulmeisters. Eine enge Verbindung von Kirche und Schule blieb zum Ende des 19. Jahrhunderts bestehen.
Eine Schulbildung war zunächst wohl den Knaben vorbehalten, doch gab es seit 1579 schon eine Mädchenschule. Da die Stadtverwaltung finanziell für die Schulen aufkommen musste, versuchte sie immer wieder, ihren Einfluss auf den Unterricht auszudehnen. Vor allem aber setzte die brandenburgisch-preußische Regierung ihre Staatsmacht ein, um die Kinder zu Gottesfurcht und Königstreue zu erziehen.
Auch im 20. Jahrhundert änderten sich nur die Formen und Methoden, die Inhalte dienten in erheblichem Maße ideologischen Zielen - ob im Kaiserreich, in der Zeit des Nationalsozialismus oder in der DDR. Dennoch sorgten natürlich zahllose Cottbuser Lehrer dafür, dass die Kinder und Jugendlichen durch umfassende Wissensvermittlung zu lebenstüchtigen Erwachsenen herangezogen wurden. Nicht wenige Cottbuser haben mit der Basis ihres Grundwissens als Wissenschaftler, Entdecker oder in der Wirtschaft beachtliche Erfolge erreicht.
Um 1900 hatte sich in Cottbus ein fein differenziertes System der verschiedensten Schultypen herausgebildet. Es gab mehrere Volks-, eine Mittel- und zwei Höhere

Schulen, dazu eine Hilfs- und mehrere Berufsschulen. Ab 1960 wurde dann ein zweistufiges Schulmodell eingeführt: Neben der für alle obligatorischen 10-klassigen Polytechnischen Oberschule führten die Erweiterten Oberschulen zum Abitur in der 12. Klasse. Nach 1990 wurde das in Deutschland gewachsene, vielschichtige Schulsystem auch in Cottbus eingeführt. Drastischer Schülerrückgang - bis 2005 im Vergleich zu 1990 um mehr als 50 Prozent - führte zur Schließung vieler, zum Teil erst neu errichteter Grundschulen und zur Zusammenlegung weiterführender Schulen.

Die alte Lateinschule an der Oberkirche wurde später Gymnasium

Cottbuser waren seit dem 14. Jahrhundert an Universitäten in ganz Europa, von Krakau bis Bologna, Prag, Köln, Frankfurt/Oder und Leipzig, eingeschrieben. Folglich gab es eine Lateinschule, die seit dem 16. Jahrhundert als Lyzeum geführt wurde. Das Gebäude stand unmittelbar an der Oberkirche (siehe Seite 183). 1715 wurde der uns bekannte Barockbau errichtet, in dem fünf Lehrer rund 60 Knaben unterrichteten. Die Schulaufsicht führte der Superintendent.
1820 erhielt das Lyzeum den Status eines Gymnasiums und den Namen Friedrich-Wilhelm-Gymnasium. Da viele Schüler auch aus den umliegenden sorbischen/wendischen Dörfern stammten, trug das Gymnasium auch den Beinamen „Universität der Wenden".

1867 ließ die Stadt einen repräsentativen Schulneubau an der Promenade errichten, entworfen von dem Berliner Architekten Adolf Lohse. Neben modernen Unterrichtsräumen und einer prächtigen Aula gab es auch eine Lehrer- und Schülerbibliothek, einen Zeichensaal, ein Laboratorium, einen Physiksaal und eine naturhistorische Sammlung. Bis 1960 konnten hier junge Cottbuser ihr Abitur ablegen. Danach diente das Haus als Polytechnische Oberschule bzw. ab 1991 als Grundschule.
Nach genereller Sanierung und Restaurierung beherbergt der traditionelle Schulbau seit 2001 die „Erich-Kästner-Grundschule".

Vom Schulwesen in Cottbus

*Die Erich-Kästner-Grundschule
(l. oben) wurde 1867 als
Friedrich-Wilhelm-Gymnasium (oben) erbaut*

Vom Schulwesen

Die Zweiflügel-Schule in der Bahnhofstraße entstand 1889/90. Die großen Bogenfenster erinnern an spätbarocke italienische Palazzi

Die frühere Mädchenmittelschule hieß als Polytechnische Oberschule „Carl Blechen"

Neben dem klassischen Gymnasium konnte die Cottbuser männliche Jugend auch auf einem zweiten Weg zum Abitur gelangen – auf der Oberrealschule. Über die Stufen Höhere Bürgerschule, Knabenmittelschule und Realschule entstand 1913 die Oberrealschule. Um 1900 war diese Bildungsstätte mit weit über tausend Schülern eine der größten in ganz Preußen. Der stattliche Backsteinbau diente mit Ausnahme einiger Jahre nach 1945 immer als Schulgebäude. Bis 1990 waren hier zwei Polytechnische Oberschulen untergebracht, dann nutzte die Paul-Werner-Gesamtschule das Gebäude.

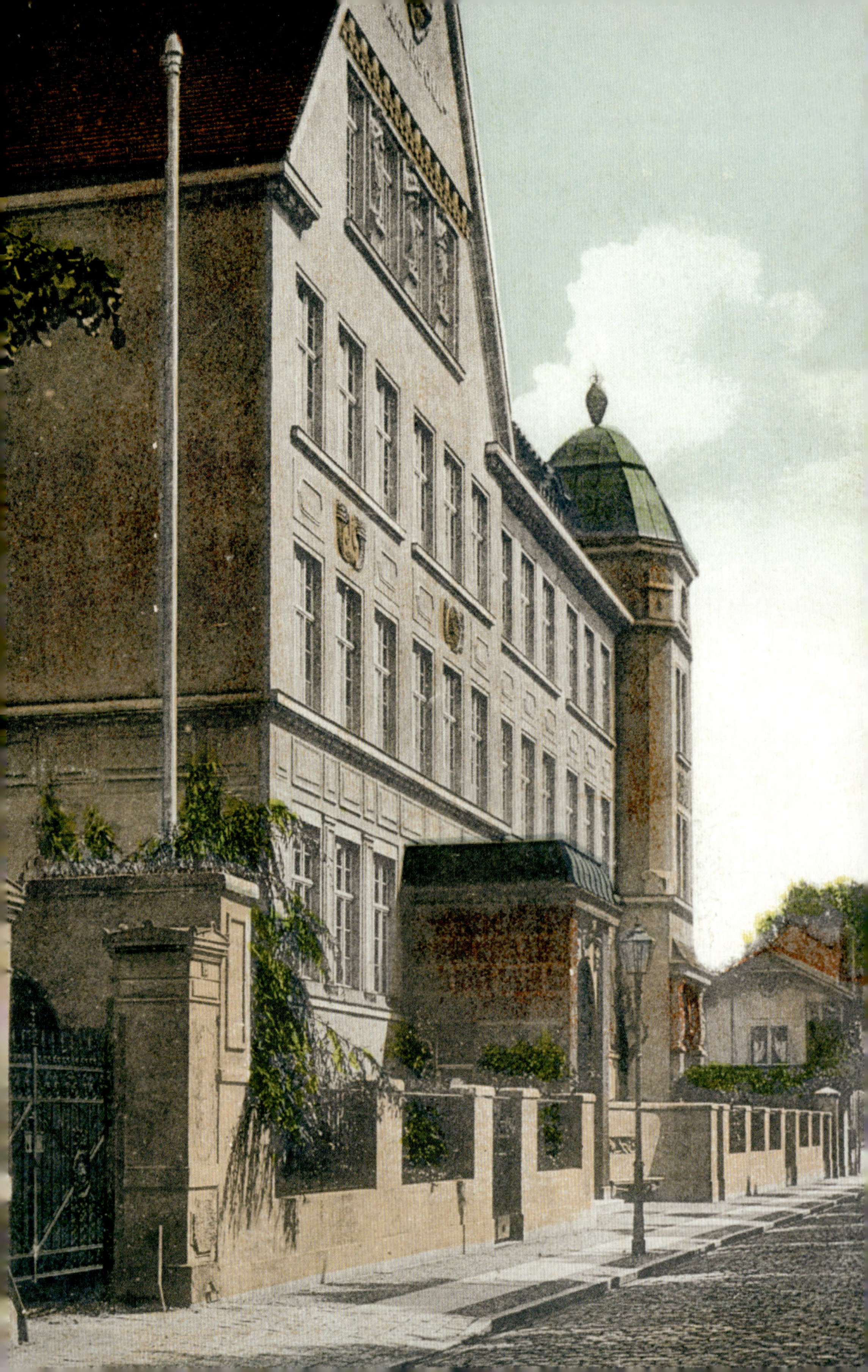

Wandelgang im Hof der früheren Augustaschule, jetzt Ort für Schülerkonzerte des Konservatoriums

Augustaschule, um 1923

Eine höhere Schulbildung für Mädchen anzubieten, war zunächst privaten Initiativen vorbehalten. Eine 1873 gegründete Privatschule mit eigenem Schulgebäude, benannt nach Augusta, Gemahlin des deutschen Kaisers Wilhelm I., wurde erst zwanzig Jahre später von der Stadt übernommen.

Verbunden mit der Höheren Mädchenschule war bereits seit 1785 ein Lehrerinnenseminar. Um wachsenden Anforderungen gerecht zu werden, errichtete die Stadt an der Promenade nahe dem Friedrich-Wilhelm-Gymnasium in zwei Bauabschnitten 1908 und 1912 einen vornehmen Neubau. 1982 zog hier das Cottbuser Konservatorium ein, nachdem das Haus gut zwei Jahrzehnte als 1. Erweiterte Oberschule für Schüler beiderlei Geschlechts gedient hatte.

Schule im Neubaugebiet Sandow, um 1968

Die alten Cottbuser Schulgebäude reichten bis in die 1960er Jahre aus. Dann begann im Zusammenhang mit der Errichtung neuer Stadtteile auch ein großes Schulneubau-Programm. Allein im Stadtteil Sandow wurden sechs neue Schulen erbaut.
Sie wurden alle als Plattenbauten errichtet, aber durchaus nicht uniform, sondern in vier verschiedenen Varianten.

Bauhausschule heute und Bismarckschule, um 1935, damals als VII. Gemeindeschule eingeordnet

Nach Entwurf des Stadtbaurates Schröder erbaut, war die Volksschule im Westen der Stadt ein Beispiel für modernes Bauen in Cottbus.
1930 als „Bismarckschule" eröffnet, diente das Haus bald im Krieg als Lazarett und danach bis 1991 dem sowjetischen Militär, das hier eine Garnisonsschule betrieb.
Nach Rückgabe an die Stadt und umfangreichen Instandsetzungs- und Sanierungsarbeiten wurde das Gebäude 1998 als Grund- und Förderschule unter dem Namen „Bauhausschule" wieder eröffnet.

Titel einer Publikation aus Anlaß der Eröffnung des Neubaus zum Oberstufenzentrum I in der Sielower Straße

Die berufsbezogene Weiterbildung Cottbuser Jugendlicher erfolgte bis 1945 vor allem in der Handelsschule, der Mädchenberufsschule, der kaufmännischen und der gewerblichen Berufsschule. Nach 1945 gab es neben der allgemeinen Berufsschule mit zahlreichen Spezialklassen auch von großen Betrieben unterhaltene Berufschulen, wie die des Textilkombinates oder die des Tiefbaukombinates. Mit der Angleichung des Bildungswesens nach 1991 an das bundesdeutsche Berufsschulsystem entstand das Oberstufenzentrum I. Dafür wurde das Gebäude der ehemaligen Fachschule für Bauwesen genutzt, das im Jahre 2000 mit einem modernen Anbau erweitert wurde.

Kapitel XIII

Höhere Schulbildung in Cottbus

Höhere Schulbildung

Höhere Schulbildung

...und nochmals lernen

War Cottbus im 16. Jahrhundert auch für kurze Zeit Universitätsstadt, denn in Frankfurt/Oder wütete die Pest, so wurde unsere Stadt doch erst Anfang des 20. Jahrhunderts zu einem Standort wichtiger Höherer Schulen.
Entstanden waren die Höhere Fachschule für Textilindustrie, das Lehrerseminar, eine Polizeischule, eine Verwaltungsbeamtenschule, später eine Landwirtschaftsschule und eine Hochschule für Lehrerbildung.
Nach 1945 wuchsen neue Bildungseinrichtungen. Nordwestlich der Altstadt wurde in den 1970er Jahren das Bildungszentrum gebaut, insbesondere für die Ingenieurhochschule, aber auch für einige andere Bildungseinrichtungen wie Fach- und Berufsschulen, die hier neue Unterrichtsräume fanden. Ferner gab es in Cottbus eine Fachschule für Bauwesen, eine Medizinische und eine Pädagogische Fachschule.
Mit der heutigen Brandenburgischen Technischen Universität Cottbus und der Fachhochschule Lausitz, beide 1991 gegründet, erlangte der Schulstandort Cottbus eine neue Qualität.

In der 2. Hälfte des 19. Jahrhunderts machte sich in der Textilindustrie ein Mangel an gut ausgebildetem technischem Personal deutlich bemerkbar. Deshalb gründete der Cottbuser Fabrikantenverein 1883 die so genannte Webschule, die zehn Jahre später in eine öffentliche Lehranstalt überführt wurde. 1898 wurde ein Schulbau errichtet, für den praxisnahen Unterricht standen gut ausgerüstete Werkhallen bereit.

Preußische Höhere Fachschule für Textilindustrie, um 1925. Der Korpsgeist war gut entwickelt im Tuchmachernachwuchs

1907 eröffnete die Höhere Fachschule für Lehrerbildung (Lehrerseminar), für die 1910 ein Neubau im Norden der Stadt entstand. Mit den Veränderungen im Schulwesen in der Weimarer Republik musste die Anstalt 1925 schließen, aber an gleicher Stelle wurde 1933 eine Hochschule für Lehrerbildung eingerichtet. Vorgesehene Erweiterungsbauten unterblieben kriegsbedingt. - Nach 1945 wurden hier Neulehrer ausgebildet. Ab 1952 zog in das Gebäude die Sorbische Erweiterte Oberschule, seit 1991 Niedersorbisches Gymnasium.

Höhere Schulbildung

*Lehrerseminar, um 1915, und
Niedersorbisches Gymnasium 1998*

Die Landwirtschaftskammer für die Provinz Brandenburg gründete 1920 in Cottbus zur theoretischen Ausbildung der Landwirte eine Fachschule. Nordwestlich der Altstadt wurde dafür 1925 ein Neubau errichtet.
Diese Landwirtschaftsschule war mehrfachem Wandel unterworfen: In den 1930er Jahren bestand

Höhere Schulbildung

Die Landwirtschaftsschule, um 1930

sie als bäuerliche Werkschule. Im Krieg wurde sie geschlossen, aber schon 1946 wiedereröffnet. Als Agraringenieurschule bestand sie bis 1968 und wurde nun im Zuge einer Hochschulreform in der DDR aufgelöst. Die landwirtschaftliche Berufsausbildung wurde aber bis 1989 fortgeführt.

201

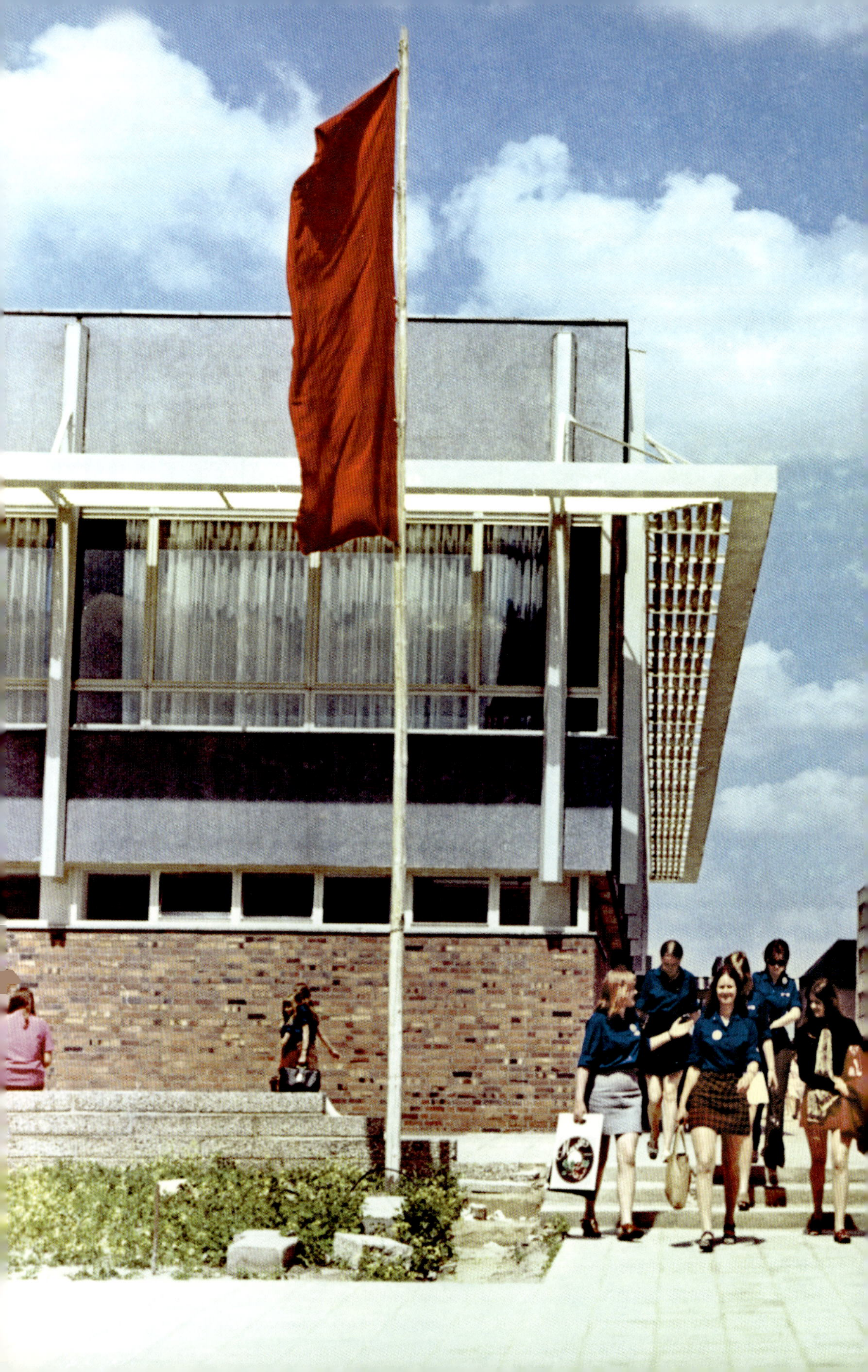

Höhere Schulbildung

*Im Bildungszentrum mit Mensa (l.) und
Verwaltungs- und Seminargebäude, um 1975*

Die Ausbildung von Bauingenieuren in Cottbus begann mit einigen Wirrnissen: 1948 entstand die Landeshochbauschule, aus der die Bauingenieurschule (Fachschule) hervorging, 1956 wurde eine erste Ingenieurhochschule gegründet, die aber nur acht Jahre Bestand hatte. Erst 1969 mit einer neuen Ingenieurhochschule zog Kontinuität ein.
Diese Ingenieurhochschule bildete den Kern des 1974 eingeweihten Bildungszentrums, das sich unterdessen zum BTU-Campus entwickelt hat. Neben der Hochschule gab es hier vier Fachschulen, zwei Betriebsberufsschulen und zwei Polytechnische Oberschulen, dazu eine Mensa, mehrere Internate, eine Bibliothek und verschiedene Sport- und Freizeiteinrichtungen.

Seit 1991 will die Brandenburgische Technische Universität Cottbus ihren Studenten vor allem eines bieten: Eine praxisnahe und anwendungsbezogene Lehre, die mit einer intensiven Betreuung der Studierenden verbunden ist. Vier Fakultäten und drei zentrale wissenschaftliche Einrichtungen profitieren von der modernen und großzügigen Ausstattung. Welche große Universität kann ihren Architekturstudenten schon einen eigenen Zeichenarbeitsplatz bieten? Auf Interdisziplinarität wird sowohl in der Lehre als auch in der Forschung wert gelegt. Schwerpunktthemen sind u.a.: „Gestörte Kulturlandschaften und regionaler Wandel", „Wandlung, Übertragung und Nutzung von Energie" und „Leichtbau und Funktionsmaterialien".

Brandenburgische Technische Universität, 2004. Rechts Lehrgebäude mit Zeichensälen, unten Hörsaalgebäude

205

Das Informations-, Kommunikations- und Medienzentrum (IKMZ) der BTU überragt die Cottbuser Dachlandschaft.
Im Mai 2002 (Luftbild) gab es nur die Baustelle mit kleeblattförmiger Grundplatte. Links das Oberstufenzentrum I, rechts jenseits der Karl-Marx-Straße der BTU-Campus

Präsent im Stadtbild: Studierende bei einer Protestaktion 1997

Auf dem Gelände des Universitätsstadions (ehemals „Stadion 8. Mai") hat Ende 2004 das Informations-, Kommunikations- und Medienzentrum der Brandenburgischen Universität Cottbus eröffnet. Auf acht Etagen, davon sind zwei unterirdisch, werden 900 000 Medieneinheiten für die Studenten, aber auch für alle anderen Bürger zur Verfügung stehen. Der Bau des renommierten Baseler Architekturbüros Jacques Herzog & Pierre de Meuron wird von einem Park umgeben sein.

Höhere Schulbildung

Studentenwohnheime in der Juri-Gagarin-Straße, 1999

„Pantha Rhei" - das Leichtbauwerkstoffzentrum (im Bild vorn rechts) hat die Form eines liegenden Buches, 2002

Das Audimax der Brandenburgischen Technischen Universität Cottbus, 1998

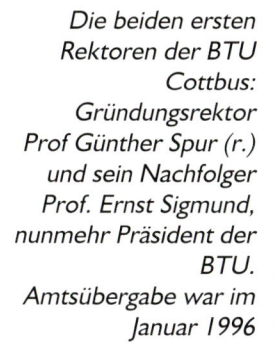

Die beiden ersten Rektoren der BTU Cottbus: Gründungsrektor Prof Günther Spur (r.) und sein Nachfolger Prof. Ernst Sigmund, nunmehr Präsident der BTU. Amtsübergabe war im Januar 1996

In desolatem Zustand hinterlassene Kasernen der GUS-Streitkräfte, ursprünglich Wehrmachtskasernen, wurden zum Fachschulstandort. Wände, Fenster und Fliesen waren noch bis 1995 mit russischen Zeitungen tapeziert

Fachhochschule Lausitz

Neue Strukturen im Bildungsbereich nach der Wende gebaren 1991 die Fachhochschule Lausitz mit den Standorten Senftenberg und Cottbus. In Cottbus wurde zunächst nur Sozialpädagogik/Sozialarbeit gelehrt. Erweiterungen waren aber schon in Planung. Nur reichten dafür die Räume zunächst nicht aus. 1993 fand sich mit einem ehemaligen Kasernengelände im Süden der Stadt ein neuer Ort. Die ersten zwei Gebäude konnten 1995 eröffnet werden. Das 1999 übergebene Laborgebäude mit einer Bauversuchshalle, Speziallaboren und einer Freiluftversuchsfläche bietet besonders dem interdisziplinär Studierenden viele Vorteile.

Rekonstruiertes
Lehrgebäude
der Fachhochschule
Lausitz
am Standort
Cottbus-Sachsendorf

KAPITEL XIV

Museen und Musen der Stadt

Bei großen Festen fehlen sie nie, eigene Inszenierungen sorgen seit drei Jahrzehnten für volle Ränge in der Stadthalle: Cottbuser Kindermusical

Orte der Sammlung

1925 wurde das Städtische Museum Cottbus eröffnet. Hervorgegangen aus zwei Vereinssammlungen, der städtischen Geschichts- und Kunstsammlung und einer privaten Stiftung, präsentierte es archäologische Objekte, eine naturkundliche Sammlung, Gemälde und Objekte zur Geschichte der Stadt, des Handwerks und des Handels und auch zur Volkskunde.
Da das Gebäude dem Bau des Neuen Rathauses weichen musste, stellte die Stadt zwei neue Quartiere bereit: Das alte Gymnasium und die ehemalige Freimaurerloge. Am Ende des 2. Weltkrieges wurde das Gymnasium zerstört, die meisten Museumsobjekte gingen verloren.

Das ehemalige Gebäude der Freimaurer ist seit 1936 als Museum, Kulturhaus, DDR-Rundfunkhaus und Theater genutzt worden.
Die Loge „Zum Brunnen in der Wüste" war 1797 gegründet worden. Ihre sehr erfolgreiche Entwicklung, während der 1908 das repräsentative Logenhaus in der damaligen Lausitzer Straße (jetzt Wilhelm-Külz-Straße) entstand, brach 1935 durch Verbot ab. 1993 war die Wiedergeburt mit Unterstützung der Berliner Mutterloge möglich

Städtisches Museum, um 1930

Museen und Musen der Stadt

In der Stadtbibliothek, um 1930

Das Lesebedürfnis breiter Schichten der Stadtbevölkerung konnte seit dem Anfang des 19. Jahrhunderts nur von privaten Leihbüchereien befriedigt werden. Daneben unterhielten auch mehrere Vereine gut ausgestattete Buchsammlungen.
Erst 1925 konnte in drei Räumen eine öffentliche Bibliothek einer Gemeindeschule eröffnet werden. Der rege Zuspruch machte bald die Hinzunahme weiterer Räume nötig. In den Wirren am Ende des 2. Weltkrieges und durch ideologisch bedingte Aussonderungen danach verlor die Bibliothek fast alle Buchbestände.

Erste Filmvorführungen fanden als „bewegte Bilder" 1900 auf dem Jahrmarkt statt, einige Jahre später gab es dann schon täglich Kinovorstellungen. Ein spezielles Filmtheater wurde 1911 als „Weltspiegel" eröffnet.

Nach dem 1. Weltkrieg entstanden mehrere Lichtspielhäuser, darunter die „Kammerlichtspiele" am Oberkirchplatz, wo 1929 der erste Tonfilm in Cottbus gezeigt wurde. Der „Weltspiegel" blieb bis in die 1990er Jahre ein Ort für Cottbuser Kinokultur, dann musste er als letztes Kino im Stadtzentrum schließen. Zugleich eröffnete am Stadtrand ein neues Komplexkino.

Lichtspieltheater „Weltspiegel", um 1930

1954 schufen sich die Cottbuser einen Heimattiergarten, idyllisch gelegen zwischen Branitzer Park und Spree. Zu den heimischen Tierarten kamen in den späten 50er Jahren Bären, Wölfe und Kamele, in den 60er Jahren Löwen, Tiger, Schimpansen, Zebras und Elefanten.

Aus bescheidenen Anfängen wuchs ein schöner Tierpark, der zu den neun anerkannten Zoos der DDR gehörte. Haltungs- und Zuchterfolge beim Wassergeflügel erreichten internationales Ansehen. Bis in die Gegenwart ist der Tierpark ein beliebtes Ausflugsziel für die Cottbuser und ihre Gäste. Neue Richtlinien zur Zootierhaltung haben zu gravierenden Veränderungen mancher Gehegezuschnitte und Haltungsformen geführt.

Mit dem Tierpark startete am 1. Juni 1954 auch die Pioniereisenbahn, die historische Feldbahntechnik auf 600-Millimeter-Gleis fahren läßt. Als Parkbahn wird sie bis heute gemeinsam von Erwachsenen und Kindern betrieben und ist als Zubringer zum Tierpark und zum Branitzer Park nützlich.

Im Tierpark, um 1973. Besonders beliebt sind beim Publikum die Elefanten, die seit 1969 gehalten werden

Viele Jahre gehörten die Indianerbüffel aus Amerika, die Bisons, zum Bestand des Cottbuser Tierparks, hier ein Paar im Juni 1966

Der Lok 01 der Parkeisenbahn rangiert im Sommer 2004 am Bahnhof Friedenseiche in Branitz

Tierpark Cottbus

Konservatorium

Singakademie Cottbus im Konzertsaal des Konservatoriums, um 1995

Musikunterricht in den Schulen gab es in Cottbus schon im 19. Jahrhundert, auch die zahlreichen Musikvereine sorgten für ihren Nachwuchs.

1947 wurde eine städtische Volksmusikschule gegründet, die nach dem Unterricht für eine musikalische Ausbildung sorgte. In den 50er Jahren war die Schülerzahl schon auf über 1000 angewachsen, in mehreren Städten der Region wurden Zweigstellen unterhalten.

1973 erhielt die Musikschule den Status eines Konservatoriums. Das seit Gründung bestehende Raumproblem konnte erst nach 1982 mit dem Umzug in die ehemalige Augustaschule, deren Turnhalle Ende der 1980er Jahre zum Konzertsaal ausgebaut wurde, gelöst werden.

Kunstsammlungen

In den Brandenburgischen Kunstsammlungen, Foto um 2000

In den 1970er Jahren wurde der Mangel an Ausstellungsmöglichkeiten für Bildende Künstler immer deutlicher spürbar. Deshalb wurden 1977 die Staatlichen Kunstsammlungen Cottbus gegründet.

Das Museum erwarb sich bald einen guten Ruf als Stätte regionaler Kunst. 1991 entstanden daraus die Brandenburgischen Kunstsammlungen. Die schon bis dahin gepflegten Sparten Malerei, Plakatkunst und Fotografie wurden um gesamtdeutsche, teilweise internationale Aspekte der zeitgenössischen Kunst erweitert.

Aus einem ehemaligen Kaufhaus in der Spremberger Straße (oben, Oktober 1998) ziehen die Kunstsammlungen in einen Industriebau (links), das seit Jahrzehnten stillgelegte Dieselkraftwerk im Stadtpark

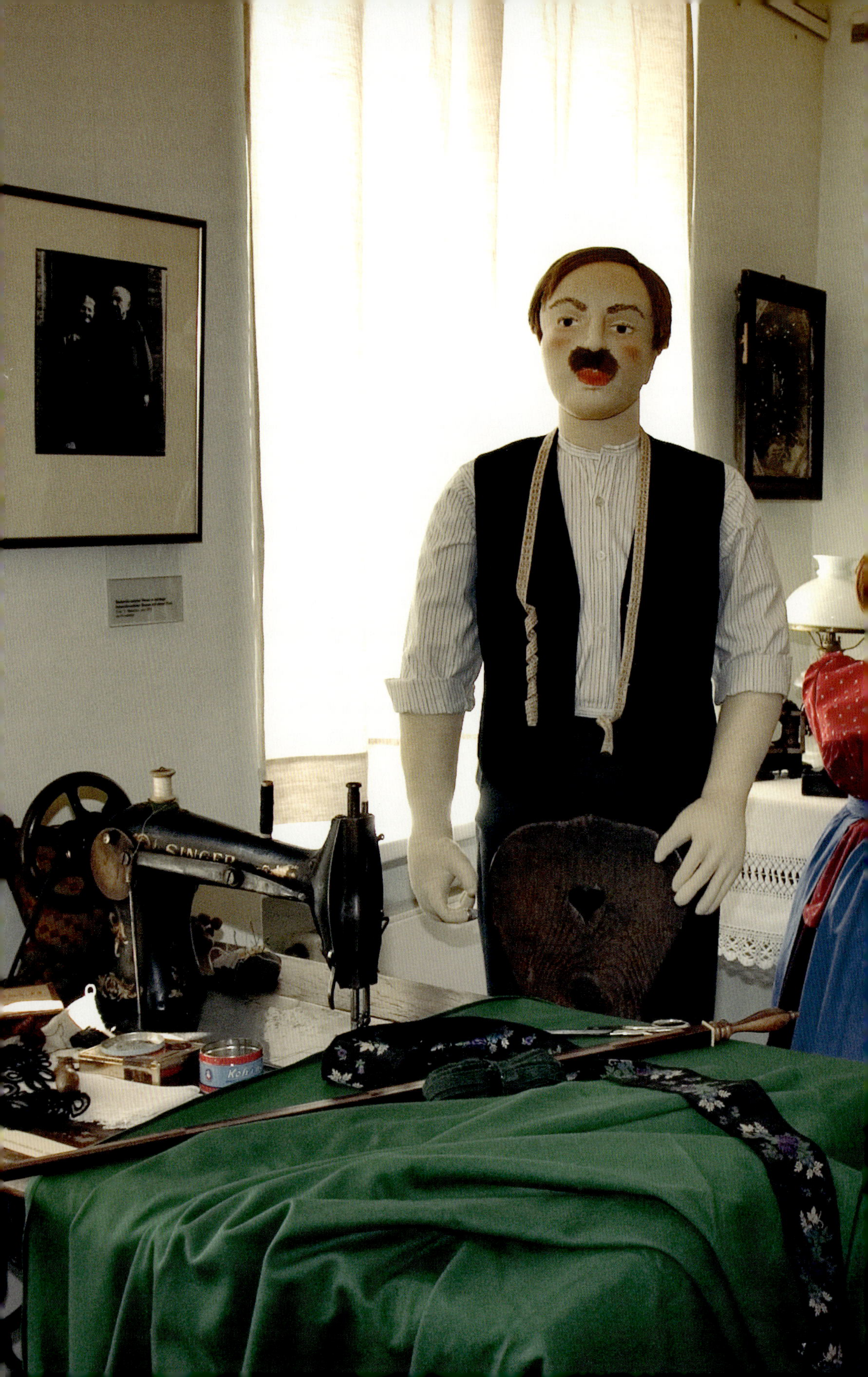
SINGER

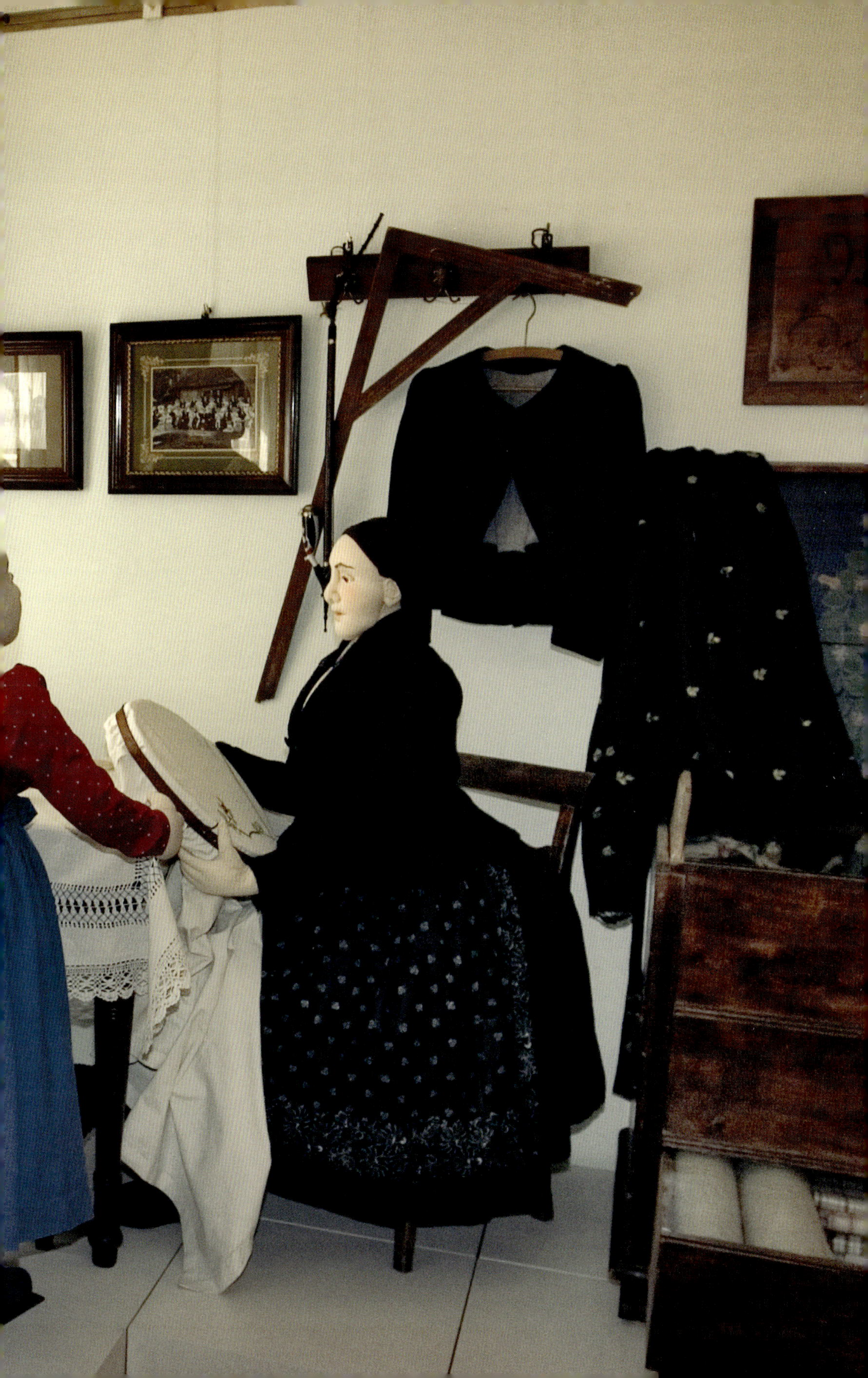

Mit der Wende 1989/90 ergaben sich auch für die Museen neue Möglichkeiten. Waren seit 1947 im Schloss Branitz große Museumsabteilungen als Bezirksmuseum zusammengefasst, so konnte jetzt wieder ein stadtgeschichtliches Museum im Zentrum der Stadt eingerichtet werden. Durch Zusammenführung des Stadtmuseums mit dem Stadtarchiv und weiteren musealen Einrichtungen entstanden nach 1995 die Kulturgeschichtlichen Museen und Sammlungen.

Geschichtliche und kulturelle Zeugnisse des in der Lausitz lebenden wendischen/sorbischen Volkes wurden schon seit dem Ende des 19. Jahrhunderts in Cottbuser Museumssammlungen bewahrt. Bunte Trachten, bemalte Möbel oder Arbeitsgeräte waren besondere Attraktionen. In den 1980er Jahren wurde mit den Vorbereitungen für ein eigenständiges wendisches Museum begonnen, das 1994 in einem alten Kaufmannshaus eröffnete. Zu den traditionellen Schaustücken kamen Bücher, Gemälde, Musikinstrumente und Zeugnisse der Geschichte.

Stadtmuseum und Stadtarchiv, um 2002. Das Haus hatte der Zeitungsverleger Heine errichten lassen, der bis 1945 die Tageszeitung „Cottbuser Anzeiger" herausgab. Nachher diente es vielerlei Zwecken, unter anderem wieder als Zeitungsredaktion, als FDJ-Bezirksleitung und als Arbeitsamt

Vorherige Doppelseite:
Sonderausstellung der Heimatstube Dissen im Cottbuser Wendischen Museum, 2004

Die historische Lieberoser Straße führt direkt auf die Stadtbibliothek zu

Im März 1946 wurde die Stadtbibliothek neu gegründet, seit 1954 war sie Leitbibliothek für den Bezirk Cottbus. In einigen Stadtteilen gab es Außenstellen. Nach mehrfachen Umzügen nutzte die Bibliothek Teile eines alten Tuchgeschäftshauses. Nach 1990 wurde das Gebäude für die Bibliothek frei und mit hohem Aufwand saniert.

KAPITEL XV

Cottbuser Persönlichkeiten

Blechens Bild „Sandweg" gehört zu den kostbaren Schätzen, die die Stadt von ihren Söhnen und Töchtern bewahrt.
Aber auch Schriftwerke, künstlerisches Erbe anderer Genres und die wegweisenden Folgen reformerischer, wissenschaftlicher oder wirtschaftlicher und sozialer Taten sind geachtetes Gut der Stadtgeschichte.
Manche Namen erfolgreicher Persönlichkeiten, die in Cottbus geboren sind oder hier prägende Lebensjahre verbrachten, sind allgegenwärtig, andere - manchmal vollkommen zu Unrecht - nahezu vergessen.

Blechens Ölbild „Sandweg"
befindet sich im Besitz der Stadt und ist im
Schloß Branitz zu sehen

Der Reformator Johannes Briesmann

Der Dichter Immanuel Jakob Pyra ist 1715 als Sohn eines Advokaten in Cottbus geboren. Er studierte in Halle Theologie und war dort Mitbegründer des Hallenser Dichterkreises. Nur wenige Schaffensjahre waren ihm beschieden, doch seine lyrischen Werke beeinflussten u.a einen so bekannten Dichter wie Klopstock und hatten auch bei Gottsched Wirkung. Unter dem Einfluss des Pietismus trat Pyra gegen anakreontische Leichtigkeit und auch gegen einseitig auf Verstand orientierte Literatur auf. Seine Themen waren Gott, Freundschaft, die Musen und die Tugend.
Pyra verstarb 1744 als Konrektor des Köllnischen Gymnasiums in Berlin.

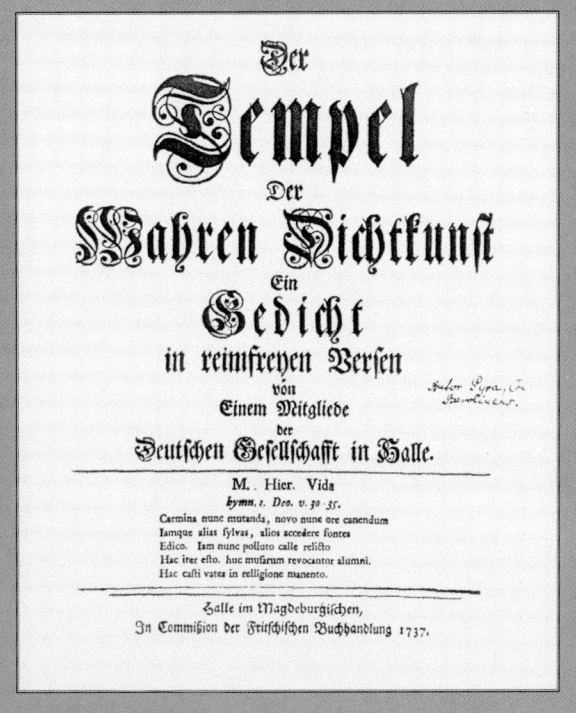

Literarische Streitschrift des Cottbusers Immanuel Jakob Pyra

Geboren 1489 in Cottbus und sorbischer (wendischer) Herkunft, wurde Johannes Briesmann vom Franziskanermönch zum Schüler und Mitstreiter Martin Luthers. 1522 versuchte er, in seiner Heimatstadt Cottbus die Reformation einzuführen, jedoch war die Zeit noch nicht reif dafür.
Vom Herzog Albrecht nach Königsberg berufen, wurde Briesmann zum ersten Reformator in Preußen, „Präsident" (Bischof) des Samlandes und in Riga Reformator von Livland. Zeitlebens blieb er in einem Briefwechsel freundschaftlich mit Martin Luther verbunden. In Königsberg war Briesmann maßgeblich an der Gründung der Universität beteiligt und verstarb dort 1549.

Eine für eine Frau des 19. Jahrhunderts ganz außergewöhnliche Karriere unternahm Bertha Wehnert-Beckmann, geboren 1815 als Tochter eines Schneidermeisters in Cottbus. Kurz nach Erfindung der Photographie erlernte sie den Beruf eines „Lichtbildkünstlers" und eröffnete in Leipzig ein Atelier, in dem ihr jüngerer Bruder aus Cottbus mitarbeitete. Bald wurde sie zu einer hoch geschätzten und weit bekannten Künstlerin, die auch geschäftlich sehr erfolgreich war, in Wien und New York unterhielt sie Filialen ihres Unternehmens. Bertha Wehnert-Beckmann verstarb 1901 in Leipzig.

Arbeit der Photographin Bertha Wehnert-Beckmann

Cottbuser Persönlichkeiten

Einer der großen deutschen Maler des 19. Jahrhunderts wurde 1798 in Cottbus geboren: Carl Blechen. In Kontakt mit führenden Künstlern seiner Zeit - Caspar David Friedrich, Dahl und Schinkel seien genannt - fand er neue Wege in der Landschaftsmalerei.

Besonders der Eindruck einer großen Italienreise eröffnete dem Künstler Sichten und Möglichkeiten der Darstellung, die seine Werke bis in das 20. Jahrhundert wirken lassen sollten.

Die Stadt Cottbus legte seit 1911 eine umfassende Sammlung seiner Werke an.

> Carl Blechen,
> geb. den 29. Juli 1798 zu Cottbus Berliner Str. 4, Sohn des Steuerbeamten Adrian Blechen u. der Joh. Christiane Hapatz, anfangs Kaufmann, dann Dekorationsmaler am Königstädtischen Theater in Berlin, zuletzt Professor an der Akademie, starb am 23. Juli 1840 in Umnachtung.

Der Gartenkünstler Hermann Fürst von Pückler-Muskau, Altersfoto

In Muskau, rund 40 km südöstlich von Cottbus, wurde 1785 Fürst Pückler geboren. Mit der Anlage des Muskauer Parkes wurde er zu einem der führenden Gartenkünstler, berühmt weit über Deutschland. Auch als Schriftsteller, als Verfasser geistreicher Feuilletons, war er von Ägypten bis Amerika bekannt. Nach dem Verkauf von Muskau 1845 übernahm Pückler Branitz, den Besitz seiner Vorfahren, am Stadtrand von Cottbus gelegen und heute eingemeindet, und begann mit der Anlage eines neuen Parkes, der zu einem Kleinod deutscher Gartenkunst wurde. 1871 starb Fürst Pückler, erster Ehrenbürger von Cottbus, auf Schloss Branitz.

Cottbuser Persönlichkeiten

Der Cottbuser Oberbürgermeister Paul Werner, um 1925

Das Ende des 19. Jahrhunderts prosperierende Cottbus bedurfte für weitere Entwicklungen eines tatkräftigen Kommunalpolitikers.
Den fand die Stadt in Paul Werner, geboren 1848 in Zeitz. Als der Jurist 1892 sein Amt als Oberbürgermeister antrat, zählte Cottbus 35 000 Einwohner, am Ende seiner 22-jährigen Dienstzeit über 50 000. In seiner Ära entstanden moderne Bauten der Kommunaltechnik (Wasser, Abwasser, Elektrizität, Straßenbahn), Einrichtungen der Kultur, des Bildungs- und Gesundheitswesen (Theater, Museum, Krankenhaus, Schulneubauten), selbst auf die Stadtverschönerung wirkte Paul Werner persönlich ein. 1927 verstarb der erfolgreiche Oberbürgermeister und Ehrenbürger in Cottbus.

1850 in Nicolsschmiede geboren, eröffnete Carl Thiem 1885 in Cottbus eine chirurgisch-gynäkologische Privatklinik. Bedingt durch zahllose Unfälle in der Textilindustrie und dem Bergbau, wand sich Thiem verstärkt der Unfallheilkunde zu, gründete ein „medico-mechanisches Institut" und wurde zu einem führenden Unfallchirurgen, der auch über Deutschland hinaus Wirkung und Würdigung fand. Fast zwanzig Jahre als Stadtverordneter für das Gemeinwohl eintretend, war Professor Thiem die treibende Kraft bei der Gründung des Cottbuser Krankenhauses, das als Klinikum noch heute seinen Namen trägt. Der Ehrenbürger Carl Thiem verstarb 1917 in Cottbus.

Der Arzt Carl Thiem

Der Fabrikant Max Grünebaum

Bedeutender Cottbuser Textilfabrikant war Max Grünebaum. Er wurde 1851 als Sohn des jüdischen Kaufmanns Aron Grünebaum in Lippstadt geboren. Als 25-jähriger gründete er in Cottbus eine Tuchfabrik für hochwertige Kammgarnstoffe.
Sein Engagement galt auch dem Gemeinwohl; 30 Jahre war er Stadtverordneter und wirkte in zahlreichen gemeinnützigen Vereinen. Mit seiner Frau Caroline stiftete er mehrfach große Summen, um den Armen der Stadt zu helfen.
Als Ehrenbürger verstarb Grünebaum 1925. Seine Kinder wurden als Juden aus Cottbus vertrieben, seine Enkel aber kamen aus England zurück und errichteten ganz in seinem Andenken eine Stiftung, die die Arbeit junger Künstler und Wissenschaftler würdigt. Alljährlich wird der Max-Grünebaum-Preis am Theater und an der BTU verliehen.

Der Superintendent Christian Friedrich Wilkens

Reichsbankpräsident Dr. Koch - ein Cottbuser - bürgte für diese 50 Reichsmark aus dem Jahre 1906

Der Fabrikant Wilhelm Riedel

1834 wurde in Cottbus in einer alteingesessenen Handwerkerfamilie ein Junge geboren, der in der Verwaltung des Deutschen Reiches einmal einen wichtigen Platz einnehmen sollte – Richard Koch. Nach dem Abitur am Cottbuser Gymnasium und einem Jurastudium ließ er sich als Rechtsanwalt in Berlin nieder, wurde Standesvertreter der Berliner Juristen. Durch Forschungen und Publikationen zum Münz- und Geldwesen prädestiniert, wurde Dr. Richard Koch 1890 zum Präsidenten der Deutschen Reichsbank berufen. Seit 1903 Ehrenbürger von Cottbus, verstarb Richard Koch 1910 in Berlin.

Als Sohn eines Cottbuser Tuchhandwerkers 1829 geboren, erlebte Wilhelm Riedel durch den frühen Tod des Vaters in einer vielköpfigen Familie als Kind Not. Diese Erfahrung bestimmte sein Leben. Nachdem er als Textilfabrikant in Berlin zu Wohlstand gekommen war, setzte er seiner Vaterstadt mehrere Stiftungen aus, die vaterlosen Waisen, bedürftigen Witwen und verarmten Handwerkern Unterkommen, Arbeit und Verdienst ermöglichten. Die Stadt dankte mit der Ehrenbürgerwürde; Riedel verstarb 1916 in Berlin. Sein „Riedelstift" existiert bis heute als Alten- und Pflegeheim.

Nicht wenige Cottbuser, die hohes Ansehen erlangten, gerieten nahezu in Vergessenheit, wie etwa Christian Friedrich Wilckens, geboren 1722 in Berlin, verstorben 1784 in Cottbus. Er war nicht nur 25 Jahre Superintendent und Erster Pfarrer der Oberkirche, er hatte auch als Naturwissenschaftler einen hervorragenden Ruf und war hoch angesehenes Mitglied der Naturforschenden Gesellschaft zu Berlin.

*Vom Stadttheater zum Staatstheater - 1908
eröffneten die Cottbuser ihren Musentempel,
entworfen im späten Jugendstil von Bernhard Sehring*

Kapitel XVI
Bretter, die die Welt bedeuten

Stadttheater Cottbus, Holzschnitt Kunstanstalt Helff & Stein G.m.b.H., Leipzig, vermutlich 1908 schon vor Eröffnung des Hauses erschienen

Seit dem Ende des 18. Jahrhunderts gastierten wandernde Schauspieltruppen in Cottbus.
Von 1854 an wurde regelmäßig in der Wintersaison in einem speziell hergerichteten Saal eines Hotels Theater gespielt. Dem durch die florierende Textilindustrie gewachsenen bürgerlichen Repräsentationsbedürfnis war das aber zu gering.
Für ein festes Haus wollten die Cottbuser auch in die eigene Tasche greifen. Am 1. November 1905 beschlossen die Stadtverordneten, auf dem damaligen Viehmarkt ein Theater zu bauen. Mit einem kongenialen Jugendstil-Entwurf gewann der Berliner Architekt Sehring den Wettbewerb, der schon zuvor durch den Bau des Theaters des Westens in Berlin für viel Furore gesorgt hatte.

Die Eröffnung des Theaters wurde 1908 mit Lessings Schauspiel „Minna von Barnhelm" gefeiert.
Geliebt und vom Publikum eingefordert wurde in den folgenden Jahren aber weniger das Schauspiel,

Architekt Prof. Bernhard Sehring (1855 - 1941)

*Stadttheater, nach einem Aquarell von Carl Göde,
Cottbus, um 1930*

Bretter, die die Welt bedeuten

*Stadttheater,
Aufführung um 1925*

als vielmehr die leichte Muse: Operetten, Lust- und Volksstücke nahmen den größten Raum im Spielplan ein. Da das Haus erst 1912 ein eigenes Orchester und Opernensemble erhielt, wurde bis zu diesem Jahr vom damaligen Intendanten die sogenannte „Monatsoper" etabliert: Im letzten Monat der Spielzeit wurden nur Opern aufgeführt.
Dafür engagierte das Theater ausschließlich Gäste größerer Häuser.

Nachdem Cottbuser Bürger 1945 die Sprengung des Hauses verhindern konnten, wurde der Theaterbetrieb bald wieder aufgenommen. Allerdings waren der Freiheit des Intendanten zumeist enge Grenzen gesetzt. Das Theater hatte weniger dem

Staatstheater Cottbus, 2002. Erwartungsvolle Stimmung auf den Rängen und im oberen Kuppelfoyer

Amüsement zu dienen, sondern sollte mit Bildung und Erziehung das neue Menschenbild formen.
Da der Bau selbst zusehends verfiel, wurde das Haus in den 80er Jahren einer gründlichen Rekonstruktion unterworfen. 1986 konnte das Theater in neuem Glanz erstrahlen.
Im Jahr 1992 wurde es zum einzigen Staatstheater Brandenburgs ernannt. Mit Christoph Schroth konnte das Haus einen der renommiertesten ostdeutschen Regisseure als Intendanten gewinnen. Seine Nachfolge übernahm der aus Finsterwalde stammende Martin Schüler, der als Opernregisseur nationale Erfolge vorzuweisen hatte.

„Alle reden heute über die Schließung von Theatern – ich gründe eins." Mit diesem Gedanken gelang es Reinhard Drogla eines der ersten Theater nach der Wende neu zu eröffnen. War das Kinder- und Jugendtheater anfangs noch im „Glad House" zu Gast, erhielt es 1993 sein eigenes Haus: Den Töpferturm, ehemals Jugendclub. Neben inzwischen fast 50 Eigenproduktionen werden Gastspiele, Kabarett und Konzerte angeboten. Die umfangreiche pädagogische Arbeit in den Tanz- und Theatergruppen, an Projekttagen, Festen oder in den Ferien zieht viele Cottbuser Kinder und Jugendliche an.

Ein Spiel um die alltägliche Gewalt: Werner Bauer und Heidi Zengerle in „Gewalt im Spiel", Regie Reinhard Drogla, Premiere 1.9.1996

Die 1965 von zwei Kindergärtnerinnen gegründete Amateurpuppenbühne „Regenbogen" entwickelte sich schnell zu einem nicht mehr wegzudenkenden Bestandteil der Cottbuser Kulturlandschaft. 1989 erhielt sie auch ihr eigenes Haus: Eine Villa in Madlow, die in Eigeninitiative zu einer festen Spielstätte mit 70 Sitzplätzen umgebaut wur-

„Regenbogen"-Puppen verschiedener Inszenierungen

de. Mit der Wende kam der Alteigentümer des Hauses, der sich aber den Cottbuser Kindern gewogen zeigte: 1992 konnte die Stadt das Gebäude zum Taxpreis kaufen. Neben wöchentlich vier Vorstellungen wird auch dem Nachwuchs eine Chance zum Puppenspiel gegeben. Seit 2000 lädt die Puppenbühne Groß und Klein zum Herbst-Puppenspielfestival ein.

Dem legendären Striese ist Theaterdirektor Gerhard Printschitsch nicht unähnlich. Mit riesigem Engagement, in das die Familie einbezogen ist, führt er ein freies Theater durch die Stürme des Marktes, immer Ausschau haltend nach Talenten der Komödie, schließlich selbst wichtige Rollen verkörpernd und die Regie, inclusive Dramaturgie und Ausstattung, selbst meisternd. ...das wird bei TheaterNative C geleistet - und Printschitsch ist ihr Direktor!

Singspiel „Im Weißen Rössl", inszeniert für die Ebertpassage. In der Rolle des Kaisers Franz Josef Gerhard Printschitsch

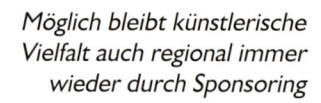

Möglich bleibt künstlerische Vielfalt auch regional immer wieder durch Sponsoring

Der sorbische Schriftsteller Jurij Koch. In seinen Romanen, Erzählungen und Kinderbüchern spiegelt sich stets sorbisches/wendisches Millieu wider

Der Bildhauer Hans Georg Wagner interessiert sich vor allem für den Werkstoff Holz, mit dem er großformatige Plastiken schafft

Neben den Akteuren der Darstellenden Kunst (Theater) sind auch Künstler in den verschiedenen Sparten der Bildenden Kunst ebenso in Cottbus beheimatet wie Musiker und Schriftsteller. An vielen Orten in der Stadt finden sich Spuren der Cottbuser Künstler. Ihr Wirkungskreis geht aber weit über die Stadtgrenzen hinaus, in ganz Deutschland und auch im Ausland ist Kunst aus Cottbus bekannt.

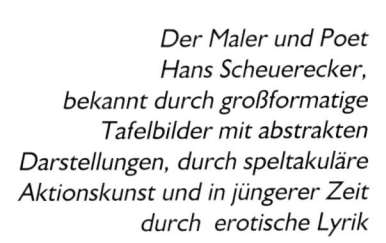

Der Maler und Poet Hans Scheuerecker, bekannt durch großformatige Tafelbilder mit abstrakten Darstellungen, durch speltakuläre Aktionskunst und in jüngerer Zeit durch erotische Lyrik

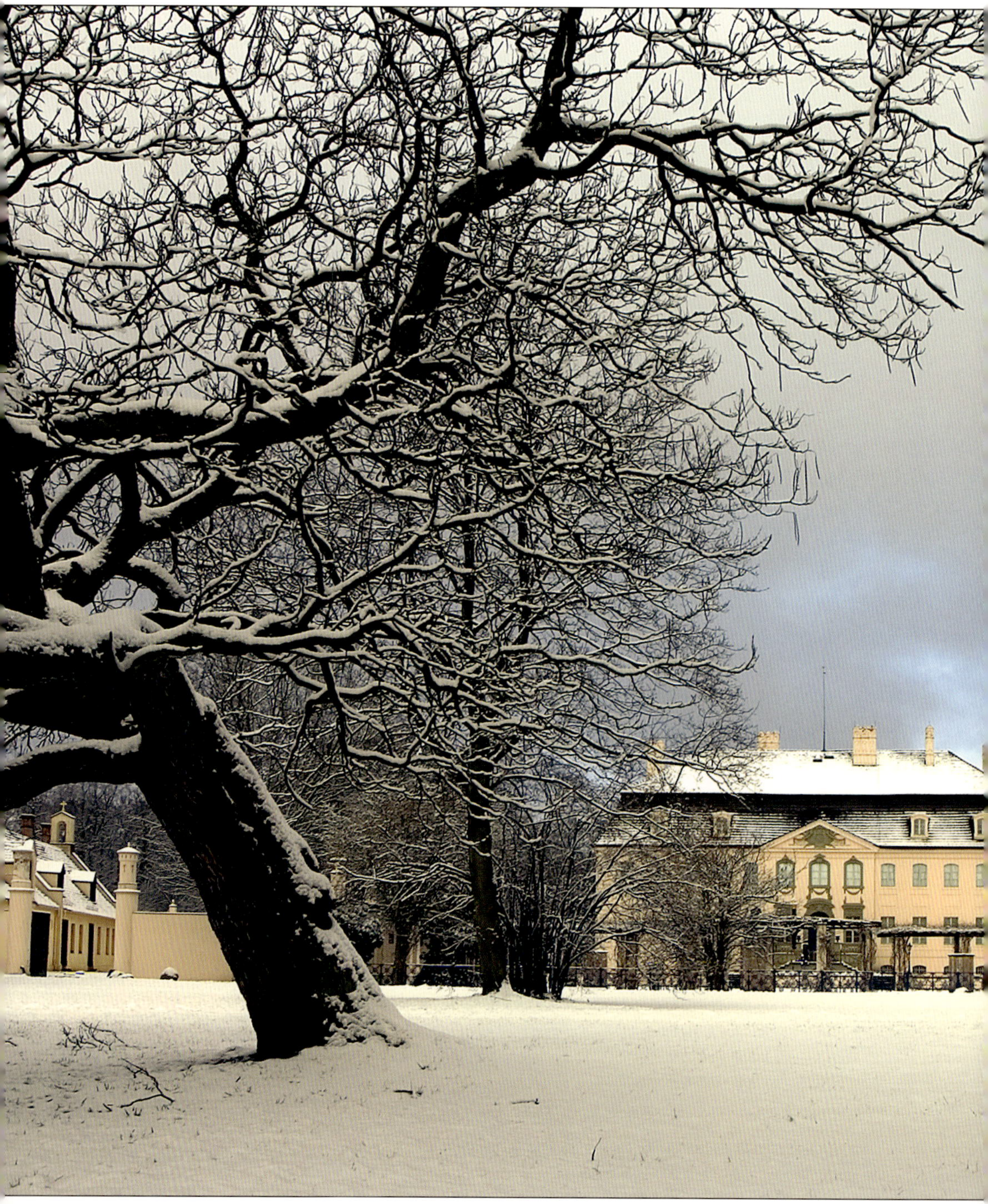

Kapitel XVII — Park und Schloss Branitz

Oasis in der Cottbuser Sandwüste

1845 begann Hermann Fürst von Pückler-Muskau in Branitz um das Schloss seiner Vorfahren einen Park anzulegen. Es war durchaus ein Wagnis, fast ein neues, großes Abenteuer, wenn man einerseits die Wachstumszeit von Bäumen bedenkt, denn der Fürst war bereits 60 Jahre alt. Andererseits aber konnte er auf die Erfahrungen von 30 Jahren Tätigkeit als Landschaftsgärtner zurückgreifen. Das vorgefundene Terrain bot wenig natürliche Voraussetzungen für einen Park: dürrer Sandboden, kein Wasser als wichtiges Gestaltungselement in der Nähe des Schlosses und völlig ebenes Land.
Doch Pückler machte sich rasch ans Werk, bestärkt von seiner Lebensgefährtin Lucie Fürstin von Pückler-Muskau. Zunächst musste zur Abrundung des Geländes Land erworben werden, vor allem die bis an das Schloss reichenden Bauernstellen mussten umgesetzt werden. Dann wurde an mehreren Stellen gleichzeitig gearbeitet: Der Boden wurde fein modelliert, Wege und Wiesen angelegt, Gräben, Kanäle und Seen ausgegraben, Hügel aufgeschüttet, vorhandene Gebäude umgebaut, neue errichtet und vor allem – es musste gepflanzt werden, viele tausende Bäume und Sträucher wurden gesetzt. Um recht bald beabsichtigte Landschaftsbilder zu schaffen, ließ Fürst Pückler einige hundert Großbäume im Umkreis von zwanzig Kilometer aufkaufen und in den Park umsetzen.
Der geschaffene Kunst-Natur-Raum musste mit Natur und Kunst verschönert werden, mit Blumen und

Kübelpflanzen, mit Plastiken und Gartenmobiliar. 1852 war der Park in seiner ersten Form fertig, wenige Jahre später wurde er um wesentliche Räume erweitert.
Als Fürst Pückler 1871 starb, hatte er mit dem Park nicht nur sein künstlerisches Vermächtnis geschaffen, der Branitzer Park war (und ist) ein letztes Beispiel für einen deutschen Landschaftsgarten, ein Höhepunkt in dieser Kunstgattung. Schloss und Park blieben noch über 70 Jahre im Besitz der Familie von Pückler. Die Erben hatten hohe Aufwendungen für Pflege und Erhalt des Kunstwerkes, dennoch stand der Park wie schon zu Lebzeiten des Fürsten allen Cottbusern und ihren Gästen offen. 1945 wurden die Grafen Pückler enteignet und vertrieben.
Von 1947 bis 1990 entstand im Schloss aus dem Heimatmuseum Cottbus das Bezirksmuseum. Seit 1990 als Fürst-Pückler-Museum eingerichtet, werden Park und Schloss heute von einer kommunalen Stiftung getragen.

FÜRSTLICHER PARK zu BRANITZ.

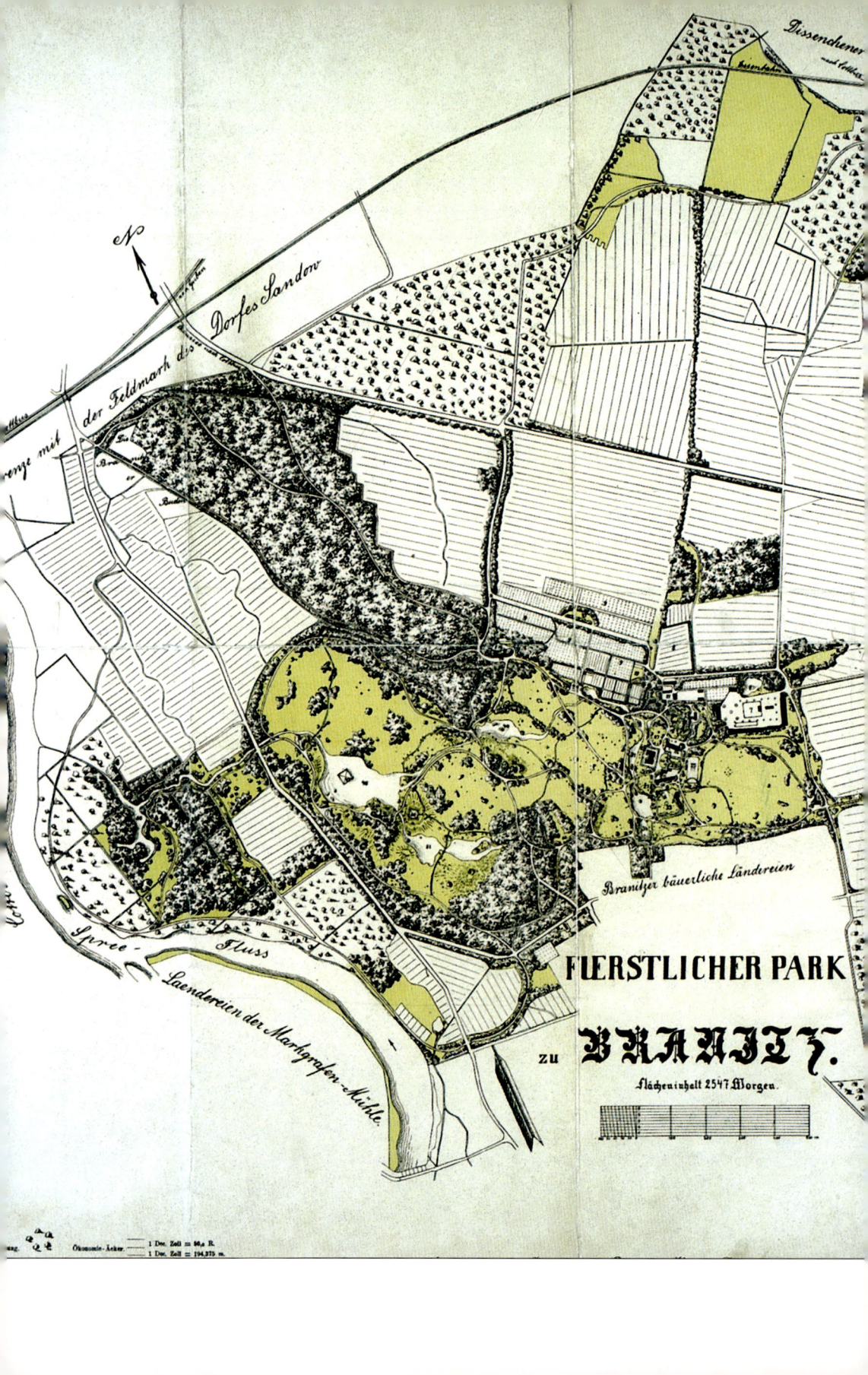

Flächeninhalt 2547 Morgen.

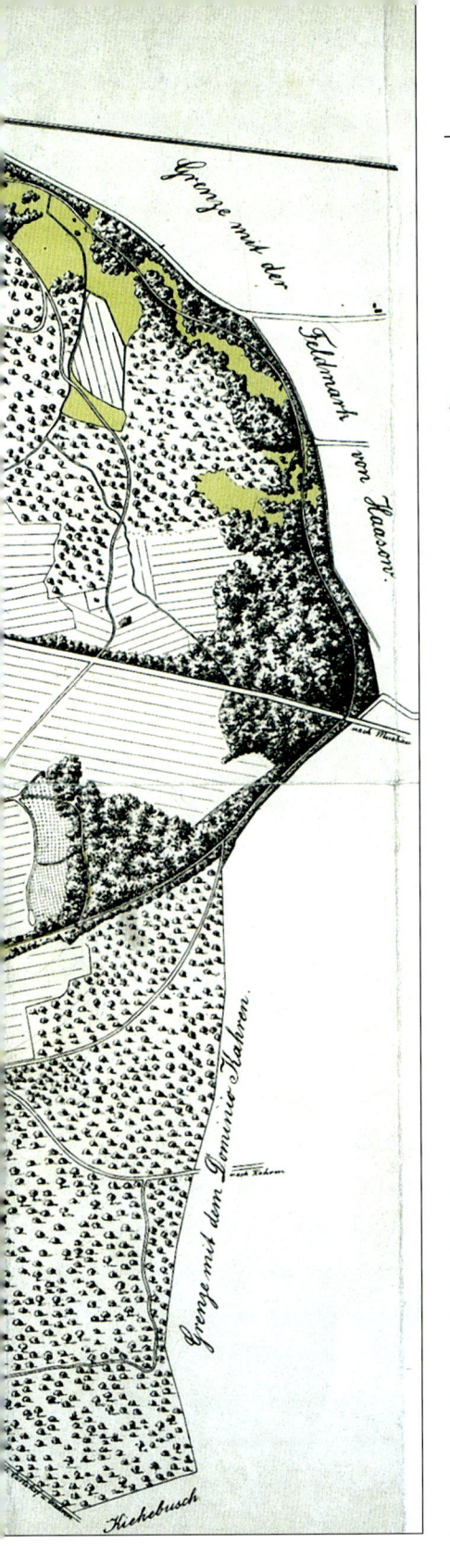

*Der Branitzer Park,
Gartenplan von 1903*

Fürst Pückler legte den Branitzer Park nach dem so genannten Zonierungsprinzip an: Das Schloss als Zentrum der ganzen Anlage war von einem besonders kunstvoll ausgeschmückten Raum umgeben, dem Pleasureground, eine Fortsetzung der Wohnräume ins Freie. Es folgte der Innere Park als eine Kunstlandschaft und schließlich der Aussenpark als verschönte Naturlandschaft.

*Schloss Branitz, Stahlstich
um 1855*

Der Großvater des Fürsten hatte 1772 das Schloss im barocken Stil erbauen lassen. Die Proportionen des Hauses erwiesen sich für den geplanten Park als ungünstig, deshalb ließ Fürst Pückler ringsum eine Terrasse aufschütten, verbunden mit einer repräsentativen Freitreppe. Die Schlossterrasse wurde mit Blumenbeeten und Kübelpflanzen sowie mit vielerlei Kunstobjekten geschmückt.

Musikzimmer, um 1910

Pleasureground, um 2000

Das Schloss Branitz wurde seit den 1970er Jahren einer ersten Restaurierung unterzogen. In den 1990er Jahren folgte mit hohem Aufwand eine erneute Grundsanierung und Restaurierung.
Auch die wertvollen historischen Innenräume, wie u.a. Vestibül mit Ahnengalerie, Musikzimmer im Zopfstil, Bibliothek, Speisezimmer und Tapetenzimmer in Orientmanier, wurden restauriert.

Park Branitz

*Landschaftsgemälde von
natürlichem Material*

Ein Landschaftspark ist, so legte es der Fürst gelegentlich dar, wie eine Sammlung anmutiger Bilder, wie eine Galerie, nur sind die Landschaftsgemälde mit natürlichem Material „gemalt". Der Landschaftsgärtner arbeitete nicht mit Ölfarben und Leinwand, sondern mit Erde, Wasser und Pflanzen. Durch eine wohldurchdachte Wegeführung und durch wohlplazierte Sichtachsen und Durchblicke erlebt der Besucher ständig sich wandelnde Szenerien. Auch Tages- und Jahreszeiten verändern die Parkbilder.

Zum Betrieb eines Parkes war eine Gärtnerei nötig, in der sowohl Pflanzen für den Park als auch Gemüse und Obst für die Schlossküche herangezogen wurden. Zur Anlage gehörten neben den Freiflächen auch mehrere Gebäude, von denen das Oberhaus, das Blaue Haus und das Große Ananashaus erhalten blieben.
Nach 1945 wurde die Gärtnerei von einer LPG (Landwirtschaftliche Produktions-Genossenschaft) betrieben. Erst Ende der 1990er kam die Schlossgärtnerei mit dem Park unter das Dach der Stiftung. Die grundlegende Sanierung und Restaurierung wurde 2004 abgeschlossen.

Im Westteil des Branitzer Parkes ließ Fürst Pückler zwei Pyramiden errichten, eine Reminiszenz an seine große Orientreise. Die eine wurde als Stufenpyramide ausgeführt und von einem Eisengitter mit dem Spruch „Gräber sind die Bergspitzen einer fernen, neuen Welt" gekrönt. Die andere Pyramide wurde von einem ruhigen, weitflächigen See umgeben. Sie wurde als Tumulus konzipiert, sie sollte die Grabstätte des Fürsten werden. 1871 erfolgte die Beisetzung, 1884 wurde auch die Fürstin Pückler hierhin umgebettet.

Der Tumulus, Grabstätte des Fürsten

Das Oberhaus als Teil der historischen Schlossgärtnerei

Park Branitz

Pergolagarten vor dem Schloss

Vor dem Schloss ließ Fürst Pückler einen Pergolagarten anlegen. Vor der so genannten Italienischen Mauer, mit Adlern und Vasen bekrönt und mit Terrakottareliefs nach Thorwaldsen geschmückt, wurde ein mehrarmiger, weinbewachsener Laubengang mit Kopien antiker Plastiken angelegt. Das Wiesenstück vor der Pergola erhielt ein großes Blumenbeet, in dessen Mitte die Plastik Venus Italica aufgestellt wurde

An der Italienischen Mauer

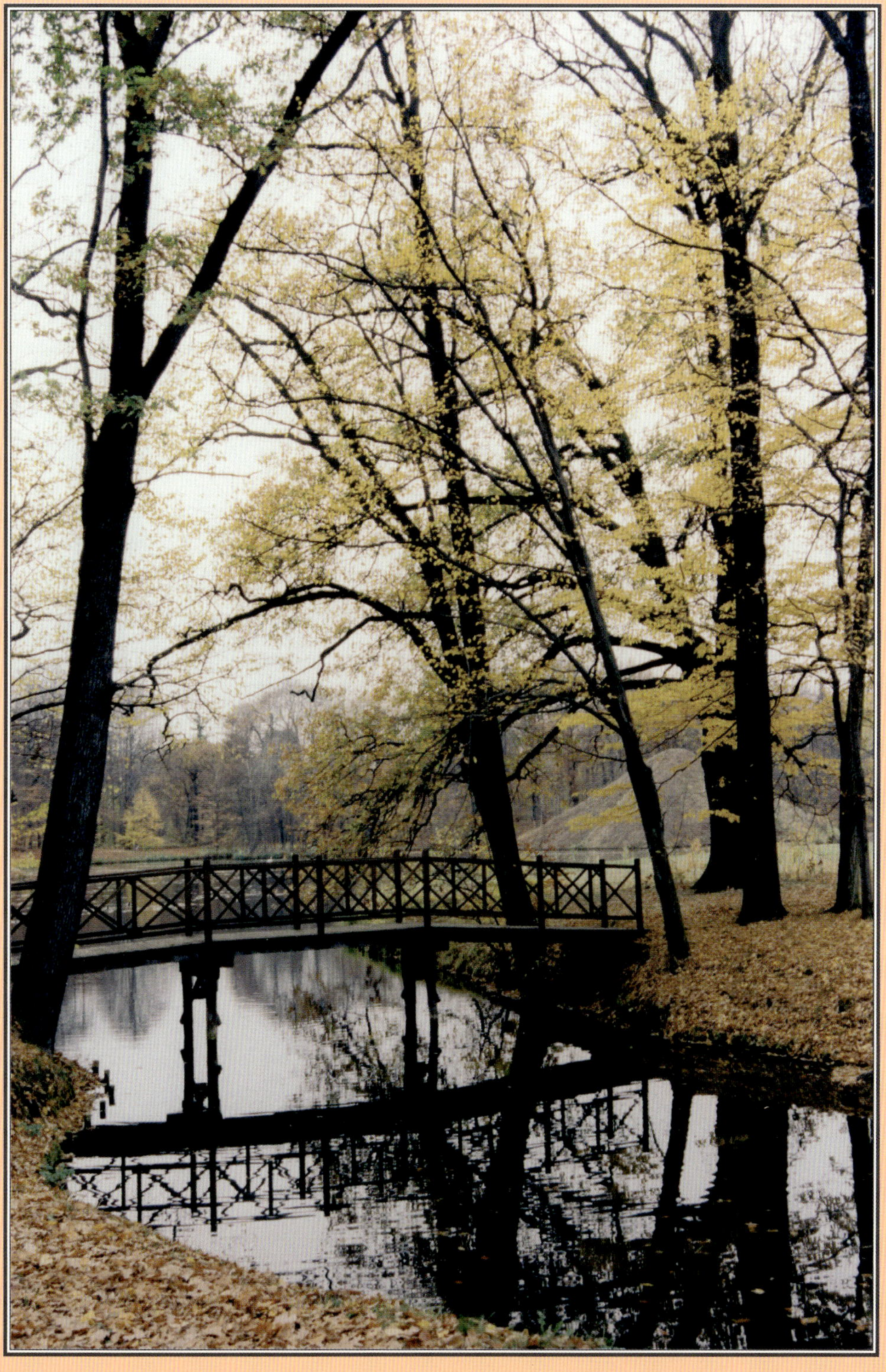

KAPITEL XVIII

Bier Korn und Baumkuchen...

Cottbuser Spezialitäten

Auf dem Altmarktbrunnen stehen Marie Groch mit dem Baumkuchen, ein Karpfenfischer und (hier verdeckt) eine Spreewaldbäuerin. Sockelreliefs zeigen Szenen der Stadtgeschichte

COTTBUS IST SCHÖN

und nahe dem Spree-Wald

*Postkutscher-Plakat,
1930*

Historische Gestalt war der Cottbuser Postkutscher nie; nur die Freude an der schwierigen Aussprache ließ den Zungenbrecher Mitte des 19. Jh. entstehen. Um 1900 tauchte der Postkutscher als Werbefigur auf, 1930 sogar in einem Stadtwerbefilm. In den 1950er Jahren warb er für Produkte, vom Keks bis zum Bier. Seit 1969 war er leibhaftig unterwegs, um Bürger mit Blumen auszuzeichnen. In der Gegenwart tritt er als Stadtführer und bei unterschiedlichsten Präsentationen auf.

Zu Werbezwecken genutzt wurden auch Bilder von wendischen/sorbischen Trachtenfrauen. Mit der Ausdehnung des Fremdenverkehrs warb die Stadt um 1930 auch mit dem Slogan „Cottbus – Tor zum Spreewald" – natürlich mit Trachtenfrau.

Unter dem Namen „Smyrna-Teppiche" waren Produkte aus Cottbus weltweit bekannt. Drei Fabriken stellten vor allem handgeknüpfte Teppiche in jeder Form und Größe her. Da viele Knüpferinnen aus den Dörfern der Umgebung kamen, wurde das malerische Bild – Frauen in ihrer Tracht am Knüpfstuhl – häufig für Werbezwecke verwendet.

*Für Werbezwecke
mussten die Knüpferinnen schon
auch mal in Tracht am
Arbeitsplatz erscheinen*

Auf dem Cottbuser Altmarkt wurde 1991 ein neuer Stadtbrunnen aufgestellt. Eine plastische Gruppe mit einer Marktfrau, einem Fischer und einer Frau mit einem Baumkuchen krönen den Brunnen. Die drei Figuren stehen für Cottbuser Besonderheiten. Die Wochenmärkte wurden von den Bäuerinnen der umliegenden Dörfer gestaltet, seit dem Mittelalter wurde in der Umgebung Fischzucht betrieben und auch der Baumkuchen war einstmals eine Cottbuser Spezialität, erfunden 1819 von Marie Groch. Die Geschäftsidee wurde bald von weiteren Konditoren aufgegriffen und das leckere Gebäck reiste bald, eingelötet in Blechdosen, sogar nach Übersee. Cottbuser Baumkuchen prangte auch auf der Geburtstagstafel preußischer Prinzen.

Der Marktbrunnen ist von dem Cottbuser Architekten Peter Kittel entworfen worden, die Dresdener Künstler Egmar Ponndorf und Johannes Peschel haben die Figurengruppe und die Reliefs aus sächsischem Sandstein geschaffen.

Drei Erwachsene und ein Kind drängen sich auf der Brunnenstele

Um den Sockel sind Relief-Szenen der Stadtgeschichte angeordnet, hier Turnvater Jahn mit Lützower Jägern 1813 in Cottbus

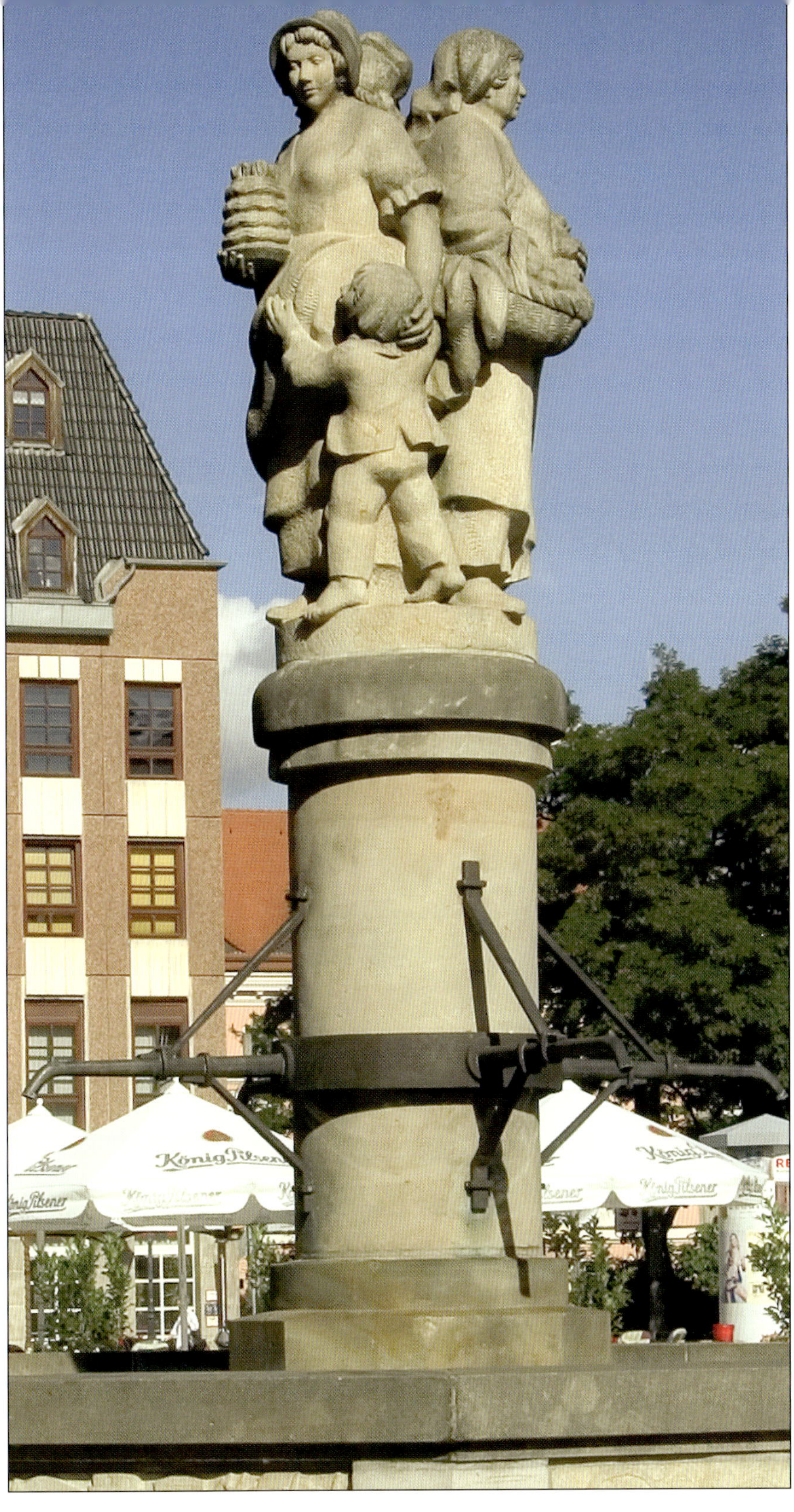
König Pilsener

264

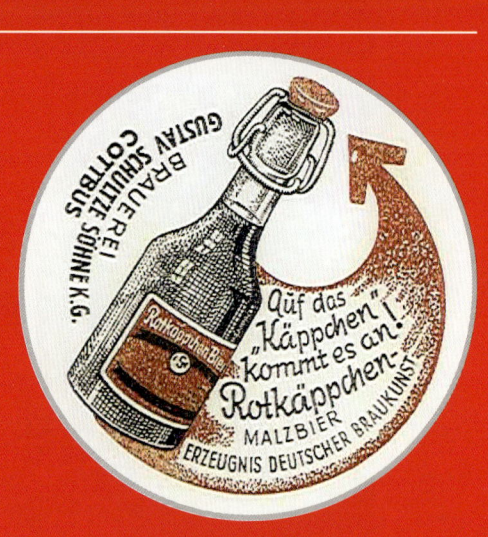

Bier, Korn und Baumkuchen

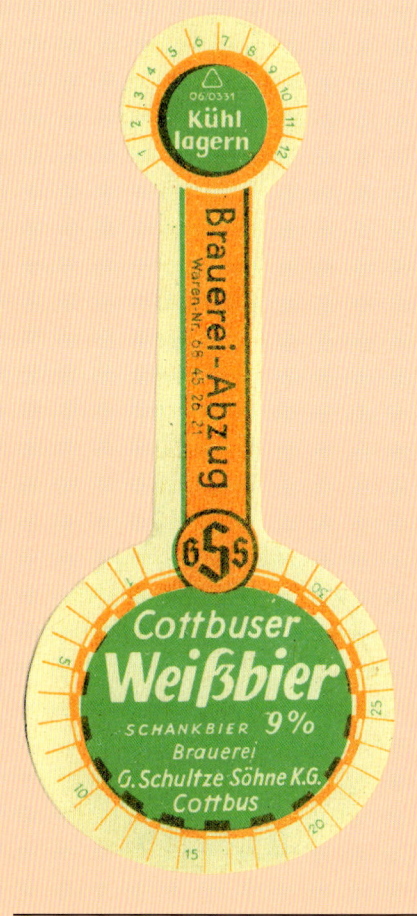

Cottbuser Bier wurde urkundlich erstmals 1385 erwähnt. Über Jahrhunderte gehörte die Bierbrauerei zu den bedeutendsten Wirtschaftszweigen und die auf das Bier erhobenen Steuern zu den sichersten Einnahmen der Stadt. Die Bierproduktion war in Menge und Güte genau geregelt. Wer Bier brauen wollte, musste das Bürgerrecht und ein so genanntes Bierhaus besitzen. Im 16. Jh. wurden rund 50 000 Hektoliter pro Jahr gebraut. Seit dem 17. Jh. wurde auch Weißbier aus Weizen hergestellt. Mit der Gewerbefreiheit entstanden seit den 1860er Jahren mehrere Großbrauereien, die Cottbuser Bier zu einem gefragten Produkt machten. Bestanden 1881 bereits zwölf Brauereien, so waren es durch Konkurrenzdruck und Konzentration der Produktion 1930 nur noch vier. Auch nach 1945 wurde in Cottbus Bier gebraut, allerdings aus Mangel an besseren Rohstoffen in verminderter Qualität. Die Großproduktion des beliebten „Gerstensaftes" wurde hier 1992 eingestellt.

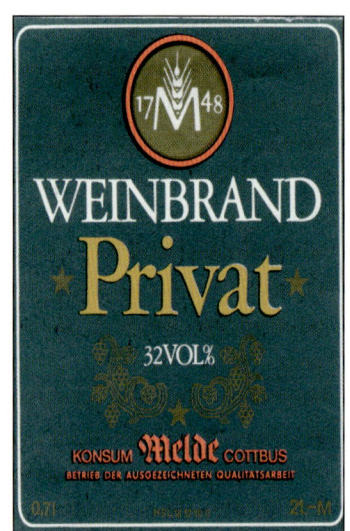

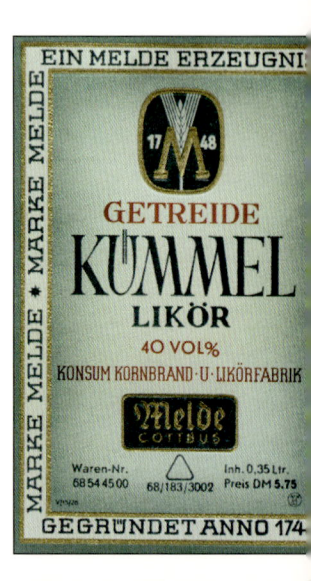

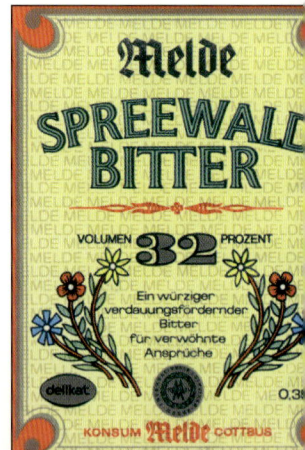

Cottbuser Bier- und Branntweinflaschen

266

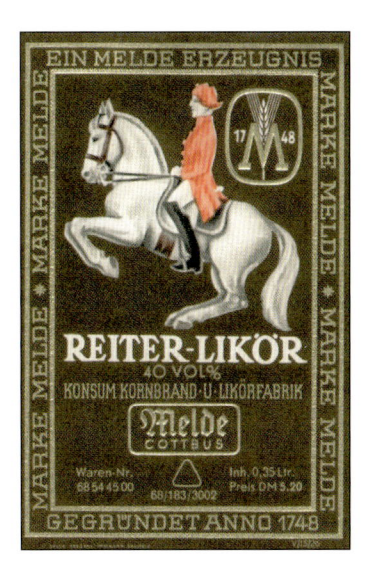

Cottbuser Korn wurde erstmals 1501 erwähnt. Wie das Bierbrauen war das Branntweinbrennen ein Privileg, das an den Besitz des Bürgerrechts und eines bestimmten Grundstückes gebunden war. Im 18. Jh. entstanden mehrere Brennereien, die bis weit ins 20. Jh. bestanden. Die bedeutendste Firma dieser Branche war die Dampf-Kornbrennerei, Presshefe- und Likörfabrik Gustav Melde, gegründet 1748. Melde-Korn und andere Erzeugnisse dieses Betriebes waren auch zu DDR-Zeiten begehrte Artikel. Der traditionsreiche Betrieb musste Mitte der 1990er Jahre schließen.

Der Cottbuser Kaufmann Heinrich Burk und der aus Leipzig stammende Meister Paul Braun gründeten 1919 eine Süßwarenfabrik, eine der wenigen Betriebsneugründungen nach dem 1. Weltkrieg in Cottbus.
Dieses Werk firmierte unter Burk&Braun und wurde sehr schnell zu einem Begriff für feinste Schokoladenwaren, 1930 mit rund 500 Beschäftigten. Nach 1945 wurde der Betrieb enteignet, die Maschinen für Reparationsleistungen demontiert. Ab 1947 produzierten in den Gebäuden die REWI-Werke Backwaren, daraus entstand bald das Konsum-Nahrungsmittel-Werk Cottbus, kurz NACO, seit Anfang der 1970er Jahre als Konsü (Konsum-Süßwarenwerk). Die Privatisierung nach der Wende gelang nicht, das Werk wurde geschlossen.

„Burkbraun" wurde noch viele Jahre nach dem Krieg in Halle / Westfalen hergestellt. Die feinen Schokoladen trugen immer das Cottbuser Wappen als Zeichen der Herkunft des Unternehmens

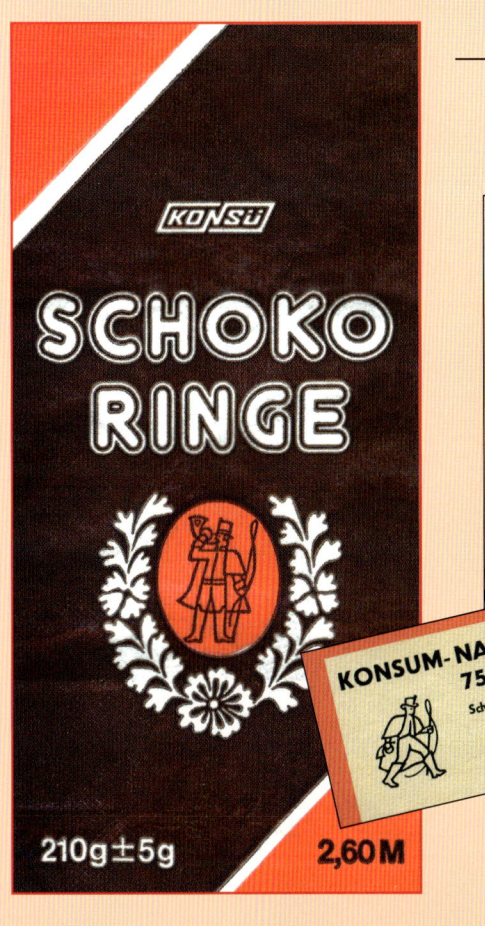

Bier, Korn und Baumkuchen

KONSU
SCHOKO RINGE
210g ±5g   2,60 M

Der Cottbuser
250 g M 1,—

KONSUM-NAHRUNGSMITTELWERK
75 COTTBUS
Schl.-Nr. EL 174 41 100

Cottbuser Keks - das war ein Begriff im DDR-Land. Bei keinem Kindergeburtstag durfte er fehlen, meist mit Schokoladenmasse zum „Kalten Hund" veredelt

Burk & Braun
Kakao- und Schokoladen-Fabrik
COTTBUS
Nr. 444   Überzug mit 55 % Kakaobestandteilen   50 g gefüllte Schokolade

Burkbraun
GEFÜLLTE
Weinbrand-Trüffel-Happen

Nuco
Feingebäck
aus Cottbus

Kapitel XIX
Freizeit und Erholung in Cottbus

Ab Freitag um eins...

Lange Zeit ein Familienvergnügen in Sandow: der Kahnverleih an der Spreebrücke

Der Wintergarten, Lithographie um 1850

1793 gründeten Cottbuser „selbständige Bürger" einen „Verein zur freundlichen Unterhaltung und Erholung", aus dem mit dem Kauf eines Wintergartens in der Spremberger Vorstadt 1814 die „Wintergarten-Gesellschaft" hervorging.
Schon im Jahre 1829 erwarb man aber ein neues Grundstück an der Dresdner Straße. Ausgesprochenes Ziel des Vereins war es, die moralische Bildung durch gesellschaftlichen Umgang mit rechtschaffenen Menschen zu vervollkommnen und den Mitgliedern nach einem arbeitsreichen Tag Erholung und Vergnügen zu bieten. Deshalb wurde von allen Bescheidenheit und gutes Benehmen gefordert. Eifersüchteleien, Konkurrenz oder Streitigkeiten hatten zu unterbleiben. Störenfriede wurden ausgeschlossen. Wie alle Vereine so wurde auch der „Wintergarten" nach 1945 verboten.

*Das Bürgerkasino,
um 1900*

Da im Wintergartenverein fest geschrieben war, wieviel Mitglieder der Verein haben durfte, die Zahl der Einwohner und damit der Interessenten an Geselligkeit aber beständig stieg, wurde 1833 die Kasinogesellschaft gegründet.

Kam dieser Verein vorerst beim Färber Mund unter, hatten die Vereinsmitglieder schon 1846 die finanziellen Mittel für ein eigenes Haus zusammen, das schon ein Jahr später eingeweiht werden konnte. Neben dem Festsaal und der Kegelbahn gab es dort Spiel-, Schank-, Gesellschafts- und Damenzimmer. Im Garten, den der Obergärtner des Fürsten Pückler entwarf, fanden sich zwei Tennisplätze. Ein Umbau 1878 veränderte das Haus zu seiner heutigen Gestalt. Der Verein wurde 1945 aufgelöst, aus dem Gebäude wurde ein Jugendkulturhaus, noch heute unter dem Namen „Glad House" in Aktion.

Strombad an der Spree mit Wernersteg, um 1930

Bis weit ins 20. Jh. hinein konnten die Cottbuser nur in der Spree baden und schwimmen.
Erste Reglementierungen dafür gab es aber erst 1832: Für Männer und Kinder wurden nun getrennte Badestellen ausgewiesen. Der Badelust der Frauen kam man erst 1900 entgegen. Natürlich mussten diese mit einem hohen Bretterzaun vor neugierigen Blicken geschützt werden.
Erst 1925 wurde ein echtes Schwimmbad eröffnet. Das „Städtische Schwimmbad" (später Strombad) lag direkt an der Spree, gewährte Männern und Frauen Einlass und bot neben einer Flussbadestelle ein Schwimmbecken mit 50-Meter-Bahnen, einen Sprungturm, zahlreiche Umkleidekabinen und ausgedehnte Liegewiesen.

Ab Freitag um eins...

Mit dem Aufschwung der Pfadfinderbewegung in den 20er Jahren des 20. Jh. wurden in Cottbus die Übernachtungsmöglichkeiten in den beiden Jugendherbergen knapp (für Jungen in der Spreestraße und für Mädchen in der Turnstraße). 1934 übernachteten dort 2 000 Gäste.

Deshalb beschloss 1935 die Cottbuser Ortsgruppe des Reichsverbandes für deutsche Jugendherbergen, ein neues Haus einzurichten. Die Stadt stellte dafür die alte Malzdarre in der Klosterstraße bereit. Die neue Jugendherberge wurde mit einer Selbstversorgerküche, einem Tagesraum, Schlafräumen mit 70 Betten und einer Wohnung für die Herbergseltern ausgestattet.

Die Herberge besteht noch heute am selben Ort.

Die Jugendherberge von der Promenadenseite aus. Die alte Malzdarre, aus der die Herberge eingerichtet wurde, war direkt in die Stadtmauer eingelassen - quasi Teil der Stadtbefestigung

Jugendherberge am Klosterplatz, um 1940

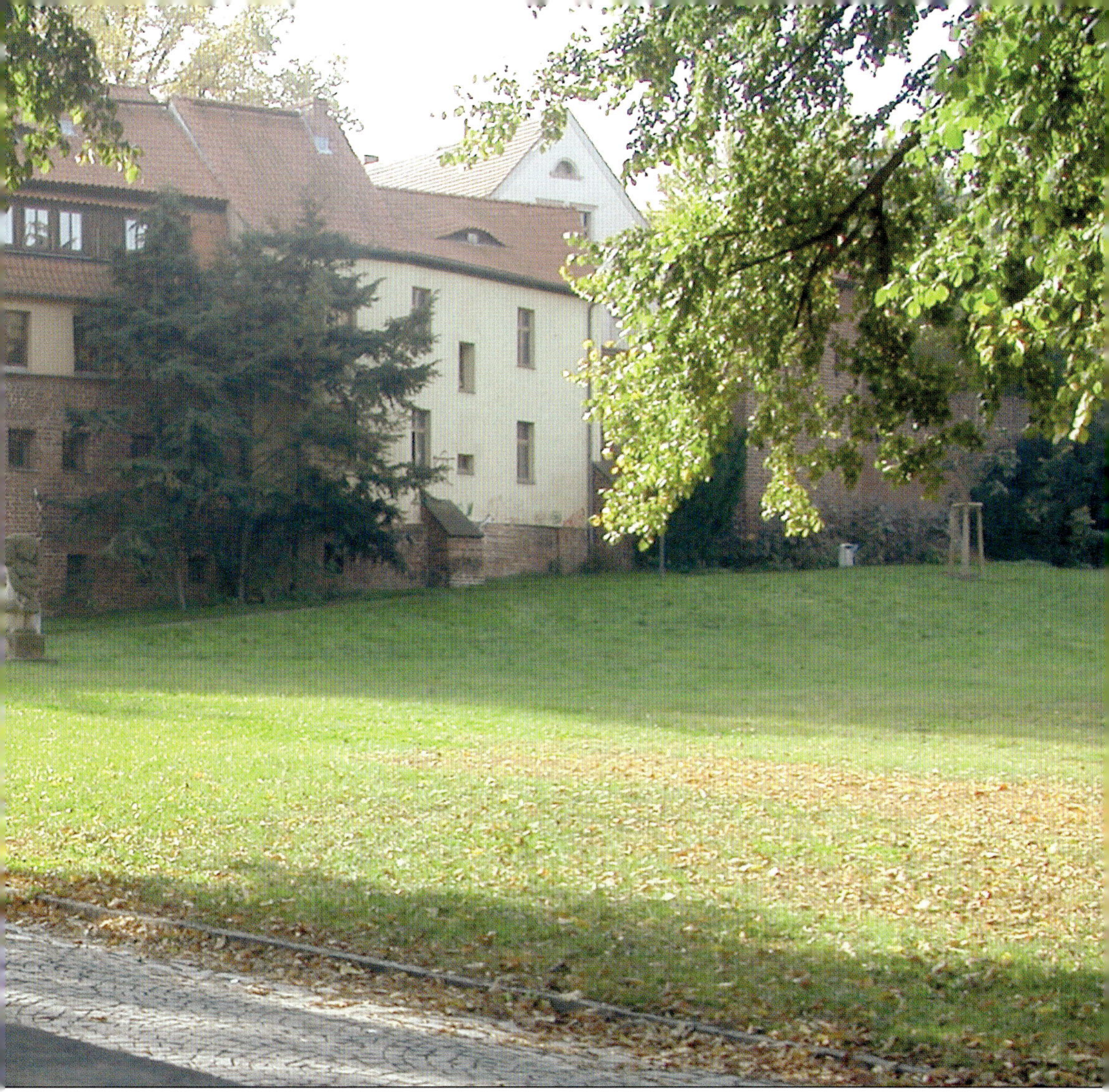

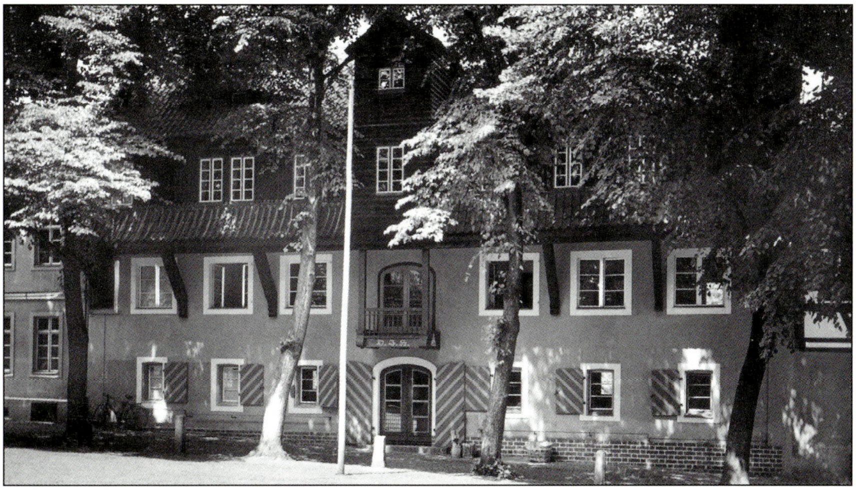

In der ersten Hälfte des 20. Jahrhunderts waren Ausflugsgaststätten mit großen Kaffeegärten beliebt. In der Freizeit radelten die Cottbuser, trieben aber auch gern Wassersport. An den großen Wehren der Spree gab es Lokale und auch Bootsverleihe. Überall wurde auch gebadet.
Wegen der sinkenden Wasserqualität in den 50er Jahren war an Baden in der Spree nicht mehr zu denken. 1960 konnte zwar ein Schwimmstadion an der Sielower Landstraße eröffnet werden, für die kinderreiche Stadt war das aber nicht genug. Mitte der 60er Jahre wurde deshalb eine Idee geboren: Cottbus schafft sich seine Naherholung selbst! Dafür bot sich als erstes die Madlower Heide an. Der sowieso für Bau- und Industrieprojekte nötige Sand wurde in den nächsten Jahren zentralisiert in Madlow entnommen, wobei die Böschungen der Kiesentnahmestelle so gestaltet wurden, dass daraus Strände werden konnten.
Tausende Aufbauhelfer verwandelten die Grube Anfang der 70er Jahre in eine Naherholungsstätte. Die Seen in Ströbitz, Sachsendorf und Branitz wurden ebenso künstlich geschaffen.

Eines der beliebten Ausflugslokale, die „Friedenseiche" in Branitz, mit Saal und Gartenbetrieb, um 1925

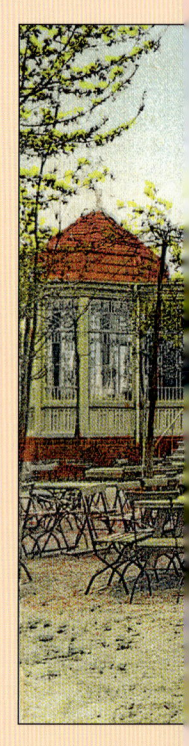

Freizeit und Erholung

Spreelandschaft im Madlower Kaiser-Wilhelm-Augusta-Viktoria-Park, um 1925

Badesee im Stadtteil Ströbitz, um 1995

279

Freizeit und Erholung

Gediegenheit im Stil der 50er Jahre - die volkseigene Gaststätte „Stadt Cottbus"

Im Haus eines Schokoladenfabrikanten in der Bahnhofstraße residierte zunächst 1945 der von der russischen Kommandantur eingesetzte deutsche Bürgermeister, später gründete sich hier der Kulturbund mit dem Club der Intelligenz und dem Blechenclub. Nach der Wende übernahmen die Stadtwerke das Haus

Großgaststätte
„Kleines Spreewehr",
um 1985

Mit der Errichtung der großen Neubaugebiete ab den 1960er Jahren wurden Großgaststätten erbaut, die für vielfältige Zwecke genutzt werden konnten. Dazu gehörte neben Betriebsfesten, Jugendweihefeiern oder Karneval in einigen Großgaststätten auch die Schulspeisung. Nach der Wende gingen diese Gaststätten ein.

Gehobenes gastronomisches Niveau wurde in der Gaststätte „Stadt Cottbus" und im Hotel „Lausitz" geboten. Diese Lokale überdauerten ebensowenig, wie ein Intelligenz-Club, dessen Gastronomie offiziell nur eingeschriebenen Mitgliedern bei Vorlage eines Ausweises möglich war.

Cottbuser Karneval 1954: Oben die Prinzengarde, darunter beim Umzug in der Karl-Liebknecht-Straße mit Funkenmariechen Irmgard Vatter und ganz links Zeremonienmeister Hans Brune

Freizeit und Erholung

Närrische Cottbuser in den 1920er Jahren

Cottbuser Kaufleute gründeten 1873 die „Karnevalsgesellschaft zu Cottbus". Um 1901 siedelten sich Rheinländer in Cottbus an, die ihre geliebte Tradition auch am neuen Ort weiterführen wollten. Und so entstand 1924 der „Rheinländer e.V. Cottbus". Nach dem 2. Weltkrieg war der Karneval wegen der politischen Anspielungen vom Rat der Stadt nicht mehr gern gesehen. 1956 wurde der erst seit 1954 durchgeführte Rosenmontagsumzug verboten. Ab 1985 ließ sich das närrische Treiben aber nicht mehr aufhalten.

Heute ist der Cottbuser Karnevalsumzug der größte im ostdeutschen Raum. Die vom Lausitzer Karnevalsverein produzierte Show „Heut' steppt der Adler" wird seit 1996 im Fernsehen gezeigt.

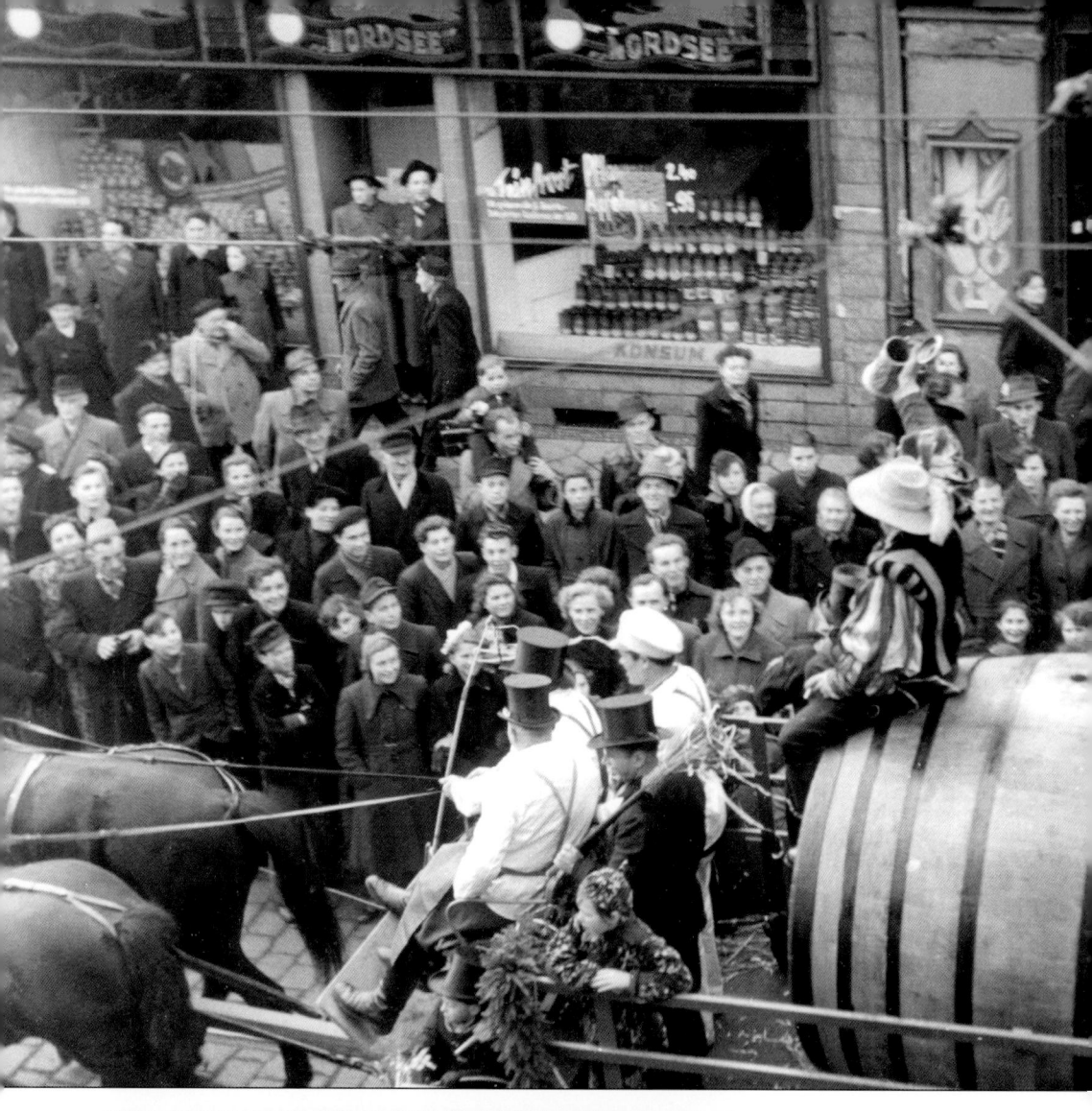

Karnevalsumzug 1954 in der Spremberger Straße

Der offizielle Elferrat 1955. Der Rosenmontag war in diesem Jahr in Cottbus arbeitsfrei. Aber ein Jahr später war kein öffentlicher Karneval mehr erlaubt

Freizeit und Erholung

Karnevalsstimmung 1995 (oben) und im Jubiläumsjahr 2006. Seit 1992 gibt es regelmäßig große Umzüge. Stefan I. und Simone I. (Mitte) sind das Lausitzer Prinzenpaar im Cottbuser Festjahr

Die Spree und viele Seen der Umgebung bieten ideale Plätze für Petri-Jünger. Das Angelgerät hat die Zeiten überdauert, nur die Biersorte heißt statt „Cottbuser Hell" jetzt „Krombacher"...

Sehr gut entwickelt ist das Wander- und Radwegenetz im Cottbuser Umland

„Freitag ab eins macht jeder seins", entwickelte sich immer mehr zum geflügelten Wort, seit die Fünf-Tage-Woche (in Westdeutschland schon ab 1954) Mitte der 1960er Jahre in der DDR eingeführt wurde. Durch Arbeitszeitverlagerungen wurden die Wochenenden ausgedehnt und beginnen heute teilweise schon „freitags ab eins".
Da die Mobilität und die Reisemöglichkeiten hier nicht annähernd den westdeutschen Angeboten entsprachen, entwickelte sich auch in Cottbus das Kleingartenwesen enorm. Wer gut verdiente, leistete sich ein Datsche am Schwielochsee oder am Spremberger Stausee. Viele Freizeitsportarten fanden regen Zuspruch. Die Stadt hält vor allem viele Angebote für Kinder bereit.

Die Anfang der 1970er Jahre in freiwilliger Bürgerleistung errichtete Volksschwimmhalle findet als Spaßbad viel Zuspruch. Eine Sportschwimmhalle auf dem Uni-Gelände mußte leider wegen baulicher Mängel schließen

Freizeit und Erholung

Die Pfadfinder-Bewegung löste nach 1990 die Pionierorganisation ab. 1995 war Cottbus Gastgeber eines Bundeslagers der Pfadfinder

Typisch:
Doppellaube mit
zwei Kleingärten

20 Meter im Quadrat - in diesem Falle Rosenkohl - und Kopfsalat... Etwa 400 Quadratmeter groß sollte ein DDR-Kleingarten sein und möglichst vollständig mit Gemüse- und Obstkulturen gefüllt. Heute ist in den Gärten mehr Platz für Rasen und Blumen, aber auch Gemüse behält seinen Rang

Fuchsjagd des Reitvereins Sielow. Der 1993 zu Cottbus eingemeindete Ortsteil ist seit mehr als 40 Jahren Hochburg und Leistungszentrum des Niederlausitzer Pferdesports, aber auch Heimstatt für Freizeitreiter. Für Kranke gibt es hier eine anerkannte Hyppotherapie

Finden immer mehr Zuspruch: Drachenbootrennen auf der Spree

Das Leichtathletik-Meeting führt alljährlich die internationale Spitzenklasse der Läufer, Springer und Werfer nach Cottbus

KAPITEL XX

Die Sportstadt

Höher, schneller, weiter

Sport als Freizeitbeschäftigung setzte sich in der zweiten Hälfte des 19. Jh. auch in Cottbus durch. Zunächst waren es vor allem Bürger aus besser gestellten Kreisen, die sich im Turnverein von 1861 zusammenfanden, später gründeten sich auch Arbeitersportvereine.
1873 wurde die erste städtische Turnhalle eröffnet.
Bis 1925 war die Zahl der Sportvereine auf über 100 angestiegen, die sich insbesondere Radsport, Turnen und Fußball, aber auch Leichtathletik, Rudern und Kraftsport widmeten, auch exklusive Sportarten wie Tennis, Fechten und Reiten wurden gepflegt. Ein Turn- und Sportfest fand erstmals 1884 statt.
Brachte der 2. Weltkrieg auch das Ende der alten Sportvereine, so fanden sich schon im Sommer 1945 Enthusiasten zusammen, um die Sportbewegung neu zu beleben. Die DDR-Führung erkannte bald, dass Sport in jeder Hinsicht auch politisch zu nutzen war. Deshalb entstanden einerseits hervorragende materielle und organisatorische Bedingungen, andererseits aber war eine mit Wettkämpfen verbundene Sportausübung nur zu den Bedingungen staatlicher Organisationen möglich.
Neben den beiden Sportgemeinschaften Sportclub und Energie Cottbus förderten vor allem zahlreiche von Betrieben getragene Vereine den Breitensport. Aus dem 1950 erbauten Radrennstadion entwickelte sich ein modernes Sportzentrum mit neuen Wettkampfstätten und einer Sportschule. Zahlreiche Olympiasieger und Weltmeister erhielten hier ihre Ausbildung.
Anstelle dieses Leistungszentrums wurde nach 1990 ein

Olympiastützpunkt für die Sportarten Leichtathletik, Turnen, Boxen und Radsport eingerichtet.
Gegenwärtig können die Cottbuser in über 120 Vereinen Sport treiben. Größten Zuspruch findet schon bei den Vorschulkindern der Fußball. Leitbilder sind die Profis von Energie, die 1997 in die Zweite Bundesliga und 2000 in die Bundesliga aufstiegen und derzeit in der Zweiten Liga spielen - immerhin als stärkster ostdeutscher Verein. Bleibende Verdienste um den regionalen Imagegewinn durch Fußball haben sich 1994 bis 2004 Vereinspräsident Dieter Krein, Manager Klaus Stabach, Trainer Eduard Geyer und der zum Top-Spieler aus 40 Vereinsjahren gewählte Detlef Irrgang erworben.

Eine Niederlage blieb der größte Erfolg des Cottbuser Fußballs: Mit 0:2 im Olympiastadion schlug sich Pokalfinalist Energie 1997 achtbar gegen den VfB Stuttgart

Sportstadt Cottbus

Cottbuser Fußballmannschaft, um 1910

Reiterverein Cottbus, um 1930

Fußballerbräute am Gedenkstein des TV 1861 in der Dresdener Straße (Straße der Jugend), um 1927

Sportstadt Cottbus

Höher, schneller, weiter

Im Süden der Stadt eröffnete 1925 direkt an der Spree das von den Cottbusern lang ersehnte Städtische Schwimmbad. Wenig später baute die Stadt am Ufer gegenüber ein Sportstadion, das inzwischen zum Fußballstadion des FC Energie Cottbus wurde. Fliegeraufnahme von 1935

Höher, schneller, weiter

Cottbuser Motorsportclub, um 1930

Motorradbegeisterter 67 Jahre später: Eduard Geyer, der den Cottbuser Fußball gerade ins Profigeschäft geführt hatte, schnuppert in Nachbar-Sportarten

Sportstadt Cottbus

Sportstadt Cottbus

April 1997, Schlüsselspiel der Vereinsgeschichte: Energie gegen Karlsruhe im Schneegestöber. 3:0! Das bedeutete Einzug ins Pokalfinale

Im Januar 2006 feierte Fußball-Energie 40. Geburtstag. Es gratulierten Bundeskanzlerin Angela Merkel und Vereine aus ganz Deutschland. Vom zweiten ostdeutschen „Fußballwunder", dem 1. FC Erzgebirge Aue, kam der Präsident des Ehrenrates, Martin Henselin (r.), einstiger Bürgermeister des 18 000-Einwohner Städtchens , um FCE-Präsident Michael Stein die Schulter zu klopfen

Neben Fußball haben auch Turnen, Leichtatlethik, Boxen, Radsport und Handball in Cottbus große Anhängerschaft und Tradition. Teilweise konnten beachtliche Erfolge erreicht werden. Nischensportarten sind das Turnierangeln, mit dem Kathrin Ernst zahlreiche Weltmeistertitel nach Cottbus holte, und das besonders in der Lausitz verbreitete Kegelbillard, in dem deutsche Meistertitel errungen wurden. Die studentische Jugend brachte neue Sportarten mit, wie American Football und Baseball.

Heiß ging es stets her, wenn zwei Cottbuser Regionalligisten im Handball aufeinandertrafen: HCC gegen USV. Im September 1998 (Bild) endete die Partie 26:26. Inzwischen fusionierten die Vereine zum LHC Cottbus (Lausitzer Handball-Club Cottbus)

Sportstadt Cottbus

Sportarten in Cottbus: Baseball an der Uni (1996), Kegelbillard in Cottbus-Nord (1997) und Kanupolo bei ESV Lok RAW (1995)

303

Zweitliga-Aufgebot von Energie Cottbus in der Saison 1997/1998

Zunächst als Sektion Fußball des Sportclubs Cottbus gegründet, entstand 1966 die Betriebssportgemeinschaft (BSG) Energie Cottbus. Die Mannschaft spielte zumeist in der DDR-Liga, doch konnte sie sich bis 1990 auch während sechs Spielzeiten in der Oberliga behaupten. Dann begann ein rasanter Aufstieg: Von der Amateur-Oberliga 1991/94 über die Regionalliga 1994/97 nahm das „Fußballwunder des Ostens" seinen Lauf - 1997 gelang der Aufstieg in die 2. Bundesliga und von dort wurde im Jahre 2000 ein Platz in der Bundesliga erkämpft, der bis zum Ende der Saison 2003 gehalten werden konnte. Seitdem spielt der FC Energie Cottbus wieder in der 2. Bundesliga.

Große internationale Resonanz findet das Cottbuser Turner-Nachwuchs-Turnier, hier als GWG-Cup im September 1996

Weltcup auf der Bahn, 1996

In der Altersgruppe Weltklasse: Turnernachwuchs von SC Cottbus, GWG-Cup 1998

Einer von weltweit nur fünf Grand Prix der Turner mit Weltcupstatus findet jährlich in Cottbus statt. Angefangen hatte alles damit, dass das 3. „Turnier der Meister" nach Schwerin und Berlin 1979 in Cottbus ausgetragen wurde. Gab es die Wettkämpfe bis 1995 in der Stadthalle, treffen heute die besten internationalen Turner in der neuen Lausitz-Arena aufeinander. 2005 wurde das 29. „Turnier der Meister" ausgetragen. Ebenso große Aufmerksamkeit gilt dem Turner-Nachwuchs beim Weltcup. Die Weltelite der Leichtathletik trifft sich einmal jährlich beim „Cottbuser German Meeting". 2005 fand es zum 16. Mal statt.

Weltcuprennen gab es auch auf der Radrennbahn.

1963 wurde der Sportklub Cottbus gegründet, der in den Sektionen Leichtathletik, Turnen, Radsport, Schwimmen und Boxen bald weltweit bekannte Sportler beheimatete. Seit den 1970er Jahren errangen Cottbuser Athleten bei Europa- und Weltmeisterschaften und bei Olympischen Spielen viele Titel und Medaillen. Nach 1990 entstanden aus dem Club nach Sportarten organisierte neue Vereine, insbesondere 1992 der Radsportclub Cottbus und 1993 der Sportclub Turnen. Neben anderen unvergessen durch herausragende Leistungen sind in der Leichtathletik Gunhild Hoffmeister (1), die die ersten Olympiamedaillen für den

Sportklub errang (München 1972, Silber und Bronze) und Olympiasiegerin Rosemarie Ackermann (2), die 1977 als erste Frau 2 Meter übersprang, im Turnen der Weltmeister Sylvio Kroll (3), im Boxen der Weltmeister Marco Rudolph und im Radsport die Weltmeister und Olympiasieger Lothar Thoms und Lutz Heßlich (4) und die Weltmeister Hans-Joachim Hartnick, Bernd Drogan (5), Volker Winkler, Jens Glücklich, Steffen Blochwitz und Dirk Meier (6). Danilo Hondo und Olaf Pollack schrieben als Radprofis Erfolgsgeschichte. Auch Turner Maik Belle (7), Boxer Diego Drumm (8) und andere sind unvergessen.

Kapitel XXI
Sorbisches/wendisches Leben

Nicht nur Ostereier und bunte Trachten

Das Niedersorbische Gymnasium ist eine der am besten ausgestatteten Schulen im Land Brandenburg. Hier wird die Sprache der Niederlausitzer Sorben gepflegt

Nicht nur Ostereier und bunte Trachten

Seit etwa anderthalb Jahrtausenden leben Sorben/ Wenden, ein westslawisches Volk, in der Lausitz.
Im Mittelalter lebten auch in der Stadt Cottbus Deutsche und Sorben/Wenden friedlich miteinander.
Trotz Diskriminierung und Benachteiligung entwickelten die Sorben/Wenden eine von kultureller Energie geprägte Überlebensstrategie, die zum Erhalt der eigenen Sprache und Kultur bis in die Gegenwart beitrug. Ende des 19. Jh. betrug der Anteil sorbischer/wendischer Bürger an der Einwohnerzahl der Stadt etwa 16 Prozent; bei den umliegenden Dörfern lag der Anteil nahe 100 Prozent.
In der Zeit des Nationalsozialismus wurde die ethnische Auslöschung des sorbischen/wendischen Volkes vorbereitet: Es erfolgten Verbote der wendischen Sprache, die Liquidierung jeglicher wendischer Vereinstätigkeit, Verbot wendischer Gottesdienste, Ausweisungen und Versetzungen sorbischer/wendischer Lehrer und Geistlicher in deutsche Gegenden und Ausweisung wendischer Intellektueller aus der Lausitz.
In der DDR waren die Sorben/Wenden als Bürger gleichberechtigt und durch den Gesetzgeber ausdrücklich geschützt. Ihre slawische Sprache und Kultur wurde gefördert, spezielle Institutionen eingerichtet. Aber Industrialisierung und Kollektivierung der Landwirtschaft, Medienentwicklung und die Bildungs- und Energiepolitik wirkten sich negativ auf den Bestand der sorbischen/ wendischen Sprache aus. Kritische Stimmen wurden umgehend zum Schweigen gebracht.
Im Einigungsvertrag zwischen der Bundesrepublik

Deutschland und der Deutschen Demokratischen Republik verpflichtete sich die BRD, die Bewahrung und Fortentwicklung der sorbischen Kultur und Traditionen zu gewährleisten. 1991 richteten der Bund und die Länder Sachsen und Brandenburg eine Stiftung für das sorbische Volk ein, die viele vorbildliche Ergebnisse vorzuweisen hat. Seit der zweiten Hälfte der 90er Jahre indes wurden die sorbischen Stiftungsmittel auf Initiative des Bundes stetig gekürzt. Die weitere Existenz der sorbischen/ wendischen Kultur und Sprache bleibt in ihrer Gesamtsubstanz stark bedroht.

Die Anwesenheit sorbischer/ wendischer Kultur ist im Stadtbild in vielfältiger Form wahrnehmbar

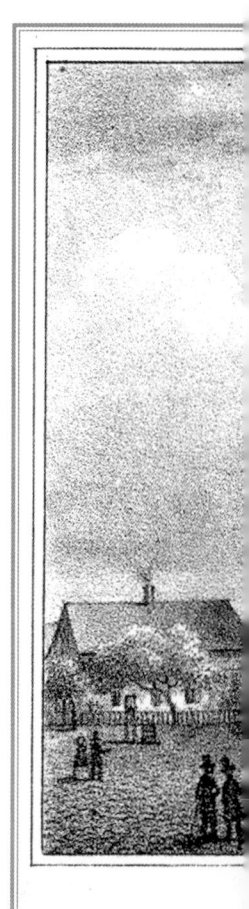

> Das Neue
> **Testament**
> Unsers HErrn
> **JEsu Christi/**
> in die
> Nieder-Lausitzsche
> **Wendische Sprache**
> übersetzet und zum Drucke befördert
> von
> **Gottlieb FABRICIO,**
> Predigern in Kahren.
>
> Kahren/
> Gedruckt von Joh. Gottlob Richtern. 1709.

2001 erwarb das Wendische Museum Cottbus aus einer hugenottischen Familienbibliothek ein fast 300-jähriges Buch: Das Neue Testament in niedersorbischer Übersetzung von Johann Gottlieb Fabricius (1679-1741). Es ist einer der ersten hiesigen Buchdrucke, in Cottbus selbst gab es noch keine Buchdruckerei. Im heute zur Stadt gehörenden wendischen Dorf Kahren/Kórje entstand mit Unterstützung des aus wendischem Adel stammenden Johann Friedrich von Pannwitz 1706 eine Druckerei, die als erstes Luthers Kleinen Katechismus nach der wendischen Mundart um Cottbus herausgab.

Die Wendische-Kirche.

Kloster- oder Wendische Kirche, um 1850

Mit der Reformation wurde im 16. Jh. das Cottbuser Franziskanerkloster aufgelöst und die Dörfer des ehemaligen Klosterbesitzes in die Klosterkirche eingepfarrt. Für die Dorfbewohner wurde fortan in wendischer/sorbischer Sprache Gottesdienst gehalten, eingestellt in den 30er Jahren des 20. Jh. Seit 1989 gibt es alljährlich am 1. Weihnachtsfeiertag einen wendischen/sorbischen Gottesdienst, den die Arbeitsgruppe „Serbska namsa" organisiert. Auch die Neuherausgabe eines wendischen/sorbischen Kirchengesangbuches wird vorbereitet.

Prozent der Sorben/Wenden in einigen, heute eingemeindeten ehemaligen Dörfern um Cottbus:

	1850	um 1880
Branitz	90	66
Dissenchen	95	97
Kahren	98	91
Madlow	72	82
Sachsendorf	--	30
Ströbitz	92	74

Serske łopjeno
Wendisches Blatt Nr. 28
5. März 2005   Beilage in   der GRÜNEN Heimatzeitung   Der Märkische Bote

In der Heimatzeitung „Der Märkische Bote" erscheint in loser Folge eine Beilage in wendischer Sprache, wie sie auf den Dörfern um Cottbus gesprochen wird

Bauerngehöft in Döbbrick, um 1910. Das heute eingemeindete Dorf war bis in das 20. Jh. ein fast ausschließlich sorbischer/ wendischer Ort; das ist auch an der speziellen Bauweise der Gehöfte erkennbar

Sorbisches-wendisches Leben

316

Hochzeit in Saspow, um 1920. Fast alle Frauen tragen die prächtige sorbische/wendische Tracht, die Männer dagegen sind schon „deutsch" gekleidet

Sorbische/wendische Schulkinder in Schlichow, 1924

Die Erhaltung der sorbisch-wendischen Sprache war besonders von ihrer Übermittlung an die Kinder abhängig. Vor allem in der Schule, beim Militär und im Umgang mit Behörden mussten Sorben/Wenden die deutsche Sprache benutzen. Im Elternhaus aber wurde bis weit in das 20. Jh. sorbisch/wendisch als Alltagssprache gesprochen.

1998 richtete die Stadt Cottbus im Ortsteil Sielow/Žylow einen Witaj-Kindergarten ein. Erstmals in ihrer Geschichte erhielten die Niederlausitzer Sorben/Wenden damit eine Vorschuleinrichtung, in der Kinder in niedersorbischer Sprache erzogen werden. Mit dem Vorteil der echten deutsch-slawischen Zweisprachigkeit von klein auf soll nicht nur die vom Aussterben akut bedrohte Sprache revitalisiert werden. Den Kindern werden damit auch gute Zukunftschancen eröffnet.
Inzwischen bestehen in der Lausitz weitere solche Kindertagesstätten, die nun den wendischen Gruß „Witaj" tragen dürfen.

Vogelhochzeit im Kindergarten, 2003

Mit Unterstützung der Stadt Cottbus erwarb die Domowina, Bund Lausitzer Sorben/Wenden, im Jahre 1990 ein Bürgerhaus, das heute Wendisches Haus genannt wird und Vereine, Institutionen, eine Bibliothek, das Wendische Restaurant „Lubina" und die Kulturinformation „Lodka" beherbergt.

Das 1952 als Sorbische Oberschule gegründete, später als Sorbische Erweiterte Oberschule geführte Niedersorbische Gymnasium Cottbus ist die einzige Bildungseinrichtung dieser Art für die Niederlausitzer Sorben/Wenden. Mit dem Schwerpunkt Sprachen- und Kulturvermittlung ist es eines der besten Gymnasien der Region, so dass auch deutsche Familien ihre Kinder gern dorthin schicken. Da gegenwärtig nur noch wenige Kinder muttersprachlich sorbisch/wendisch aufwachsen, liegt eine außerordentlich große Verantwortung auf der Schule, damit die niedersorbische/wendische Sprache nicht ausstirbt.

Jahrhundertlang wurde das Sorbische/Wendische als etwas Minderwertiges angesehen. Inzwischen wird den Menschen zunehmend bewusst, welch unikater Kulturschatz uns überliefert wurde, den es kommenden Generationen zu bewahren gilt.

Das Wendische Haus in der August-Bebel-Straße

Sorbische/wendische Tanzpaare auf dem Stadtfest

IMPRESSUM

Dieses Buch entstand
mit freundlicher Unterstützung der
Sparkasse Spree-Neiße Cottbus

Vorsatz & Nachsatz (Gestaltung Stephanie Bau):
Brakteaten, sogenannte Cottbuser Krebsheller, aus dem späten 15. Jahrhundert.
Es könnte sein, dass sie im Münzturm geschlagen wurden

COTTBUSER BÜCHER - Band 11, 2. Auflage
ISBN 3-937503-12-9

© 2005 CGA-Verlag Cottbus. Alle Rechte vorbehalten.
Konzept, Gestaltung, Umschlag und Lektorat: Jürgen Heinrich
Korrektur: Sigrid Nitschke, Petra Heinrich, Stephan Pönack
DTP-Satz und Bildbearbeitung: Sylke Kilian, Jörn Krause
Fotos zur jeweiligen Kapiteleinführung: Thomas Kläber
Sonstige Fotos: Stadtmuseum / Stadtarchiv, Archiv CGA-Verlag

Außerdem haben Fotos und Dokumente zur Verfügung gestellt:
Hans Bertram - 76 u; Gabi Grube - 301 u; J. Haberland - 27, 158 o; P. Hartleben - 49 o; J. Heinrich - 7, 25, 33, 90 u, 108 u, 117 u, 142 o, 154 o, 175, 184,186 u,189, 214 u, 218 u, 221 u, 225, 241 u, 243 (3), 257, 267, 276/277, 285 (2), 288 (2), 311; Fam. Heinrich - 64 o; Frank Heinrich - 289 o; M. Helbig - 242; Thomas Kläber - 8, 11, 12 / 13, 22, 54, 55, 92, 97 o, 109, 145, 162, 204, 205, 221 o, 222/223, 224, 241 ol, or, 244 (2), 253, 255 (3), 256 o, 262 / 263, 279, 304, 318, 319 (2); Fam. Lehnitzke - 316 / 317; A. Paulick 295 o; Diether Sack - 284 o; SAX - 19, 51, 81, 85, 121, 140 o, 150, 173 o, 207 u, 256 u, 289 u.

Druck: DRUCKZONE GmbH & Co. KG Cottbus
Buchbinderei: Stein + Lehmann Berlin